32.80

Der richtige Dreh

Keith Code

Der richtige Dreh

A Twist of the Wrist

Das Handbuch des Motorrad-Rennfahrers

Erste Auflage

Michael Feyer Verlag

Amerikanische Originalausgabe:
A TWIST OF THE WRIST

Copyright 1983 Keith Code

California Superbike School, P.O. Box 3743, Manhattan Beach, California 90 266

Fotos:
Kevin Ashby (S. 80); Patrick Behar (S. 3, 74, 75, 79, 94, 95); Rich Chenet (S. 82); Mush Emmons (S. 17); Freud (S. 42); Mary Grothe (Umschlag – Rückseite/Action-Photo); Motorcyclist Magazin (S. 14); Tom Riles (S. 26, 51, 56, 88); John Ulrich (S. 109)

Zeichnungen und Grafiken:
Cameron Ashby Associates, Inc.; Jeff Skrimstad

Mithilfe bei der Originalausgabe:
Bob West, Mel Dinesen, Pierre Des Roches, Richard Davis, Griffith Park, L. Ron Hubbard, Judy Code, Dylan Code

Deutsche Übersetzung:
Arthur Wolfe

Herausgeber und Verlag:
Michael Feyer, Postfach 210263, 5000 Köln 21

Mithilfe:
Armin Frowein, Michael Happel, Wilhelm Lücke, Peter Michelmayer

Copyright der deutschen Ausgabe: 1984 Michael Feyer

ISBN 3-924662-00-2
Originalausgabe: ISBN 0-918226-08-2
Acrobat Books
P.O. Box 480 820
Los Angeles, California 90 048

Alle Rechte der Verbreitung in deutscher Sprache – in jeglicher Form und Technik – auch auszugsweise – sind vorbehalten.

Satz und Druck: Wienand, Köln.

Wichtiger Hinweis: Die in diesem Buch beschriebenen Fahrtechniken beziehen sich aufs Rennfahren. Autor und Herausgeber lehnen daher jede Verantwortung für Unfälle mit Personen- und/oder Sachschäden ab, die darauf zurückzuführen sind, daß aufgrund dieses Materials höhere Geschwindigkeiten erreicht werden können und die Fahrfertigkeit von Fahrern sich verbessern kann. Autor und Herausgeber garantieren nicht dafür, daß die Leser den gleichen Grad an Fahrfertigkeit erreichen werden, zu der es andere durch die Anwendung dieser Techniken gebracht haben. Zusätzliche Anmerkungen und Bekräftigungen seitens bekannter Fahrer, die sich dieser Techniken bedient haben, dürfen nicht als Garantie für eine zu erreichende Sicherheit oder Befähigung aufgefaßt werden, sondern lediglich als persönliche Erfahrung. Wer fachmännische Hilfe sucht, sollte sich an einen offiziellen Verein wenden, der im ADAC, BVDM oder einer ähnlichen Vereinigung organisiert ist.
Trage immer geeignete Schutzkleidung und beachte Geschwindigkeitsbegrenzungen.

Vorwort

Obwohl ich nur zwei von meinen zwölf Jahren als Motorradfahrer Rennen gefahren bin, kommt es mir vor, als wäre ich schon immer Rennfahrer gewesen. Alles geht jetzt so glatt. Wenn es ein Problem gibt, werde ich damit leicht fertig. Alles läuft richtig – das muß so sein. Bei fast jedem Rennen steh ich auf dem Siegertreppchen. Natürlich hat mir dabei das Rennfahren auf dem Dirttrack geholfen, aber ihr könnt mir glauben, das war nicht immer so leicht.

An der California Superbike School war ich das erste Mal auf dem Asphalt, und das mehr als nur ein paar Runden. Das war wirklich eine gute Erfahrung. Ich war da nicht der schnellste, aber ich bekam eine Vorstellung davon, was zu machen war und – weit wichtiger – daß ich es machen wollte. Kawasaki hat mir bei meinem Dirttrack-Programm geholfen. Es gibt da ein paar großartige Leute, auf die ich vielversprechend wirkte, und darum gaben sie mir eine Werksmaschine und engagierten Keith Code, damit er mit mir ein Jahr lang arbeitete.

Und dann kam, was mich wirklich überraschte. Wir verbrachten ganze Tage damit, den Stoff durchzugehen, den Keith übers Rennfahren geschrieben hatte. Ich hatte geglaubt, wir würden direkt zur Rennstrecke gehen, aber jetzt mußte ich doch tatsächlich Wörter im Lexikon nachschlagen und übers Fahren reden. Als wir dann zur Strecke gingen, war es genau umgekehrt, denn jetzt schrieb ich alles auf, was ich auf der Rennstrecke machte. Keith brachte mich dazu, daß ich nachdachte, bevor ich auf die Strecke ging, während ich auf der Strecke war und nachdem ich vom Motorrad gestiegen war.

Ich weiß nicht, ob irgend jemand so schnell wie ich in den Kreis der Sieger kommt, aber ich weiß jetzt, daß es wichtig ist, über das Fahren nachzudenken. Das mußt du zuerst machen.

So habe ich angefangen. Ich hoffe, es klappt auch bei dir so.

Wayne Rainey

Inhalt

Vorwort
Anmerkung des Autors
Anmerkung des Herausgebers
Einleitung

Kapitel Eins
2 **Die Straße auf der du fährst**
Die Geheimnisse des Asphalts

Kapitel Zwei
12 **Was du machst**
Du wirst ein Wissenschaftler

Kapitel Drei
18 **Das Produkt**
Wie du Präzision durch Begreifen entwickelst

Kapitel Vier
30 **Was du siehst**
Wie du deinen Computer über die Augen programmierst

Kapitel Fünf
42 **Timing**
Wie du die zeitlich richtige Reihenfolge aufstellst

Kapitel Sechs
52 **Entscheidungen**
Entscheidungen treffen: Rezept für Können

Kapitel Sieben
65 **Hemmschwellen**
Schlüssel zur Vervollkommnung

Kapitel Acht
74 **Bremsen**
Die Kunst der Geschwindigkeitsregulierung

Kapitel Neun
92 **Lenken**
Entgegengesetzt ist richtig

Kapitel Zehn
96 **Slipping und Sliding (Wegschmieren und Rutschen)**
Haftung: Wie du sie verlierst und wie du sie nutzt

Kapitel Elf
100 **Hanging off (Raushängen)**
Es sieht gut aus und es funktioniert

Kapitel Zwölf
108 **Überholen**
An wem bin ich da gerade vorbeigefahren?

Kapitel Dreizehn
114 **Selbstkontrolle**
Doch, Hausaufgaben müssen sein

Kapitel Vierzehn
120 **Ratschläge**
Frag deinen besten Freund: dich!

Kapitel Fünfzehn
122 **Wie man runterfällt**
Entspann dich:
Deine Lederkombi macht nur einen Straßentest

Kapitel Sechzehn
128 **Sponsoren**
Du bekommst nichts umsonst

136 **Ein Wort zum Schluß**
Anhang

Randbemerkungen und Kommentare
von Eddie Lawson

Besonderer Hinweis:
Der extra breite Rand ist für deine eigenen Notizen vorgesehen.

Anmerkung des Autors

Das, was Keith in seinen Kursen und dem Buch behandelt, mache ich immer so. Du kannst das auch lernen.

Dieses Buch ist für Fahrer gedacht, die die grundlegenden Fertigkeiten, die in den einzelnen Kapiteln behandelt werden, kennenlernen und meistern wollen. Keine dieser Informationen hat eine magische Wirkung. Das Buch ist in mehr als sechs Jahren bei der Schulung von über 2500 Fahrern erarbeitet worden. Aufgrund der Schulung ergaben sich sowohl verbesserte Rundenzeiten als auch ein gesteigertes Vertrauen der Fahrer in ihr fahrerisches Können. Es funktioniert, wenn die hier gegebenen Informationen in die Tat umgesetzt werden.

Das Geheimnis des Ganzen ist jedoch, daß eine Information auch verstanden werden muß, und das gelingt am besten, wenn man sich eine nach der anderen aneignet. Präge dir die Information ein, bis du sie wirklich verstanden hast, dann geh raus und wende sie an, Punkt für Punkt. Wenn du jeden Punkt meisterst, wird dir das die Sicherheit verleihen, daß du es auch <u>kannst.</u>

Anmerkung des Herausgebers

Das vorliegende Buch ist Pionierarbeit. Noch niemals zuvor hat jemand, der selbst erfolgreich Rennen gefahren hat, ein Buch darüber geschrieben, wie man mit Erfolg Rennen fahren kann. Es ist das Ergebnis einer sechsjährigen Arbeit und von einem Praktiker für die Praxis geschrieben. Was der Autor hier beschreibt, wendet er täglich in den Fahrerlehrgängen der California Superbike School an, die nunmehr seit über fünf Jahren besteht. In dieser Zeit hat Keith Code mehrere Tausend Motorradfahrer unterrichtet – theoretisch und praktisch auf der Rennstrecke. Der Erfolg hat ihm Recht gegeben. Wayne Rainey, der einer seiner Schüler war, wurde 1983 in den USA Superbike Champion und gewann im März 1984 das 250-ccm-Rennen in Daytona. Er wird auch bei den GP-Rennen in Europa künftig dabeisein.

Die vorliegende Übersetzung ins Deutsche versucht, so nahe wie möglich am Originaltext zu bleiben. Sie erfolgte in enger Zusammenarbeit mit dem Autor. Einige Ausdrücke wurden nicht übersetzt, weil sie entweder dem deutschen Leser geläufig oder schlecht mit einem Wort zu übersetzen sind. Hierauf weisen Fußnoten gesondert hin.

Der Leser wird zunächst verblüfft sein, weil die Analyse des Fahrens und der einzelnen Vorgänge beim Fahren mit Worten beschrieben werden, die nicht nur für deutsche, sondern auch für amerikanische Leser zuweilen recht ungewöhnlich sind. Mancher wird auch zunächst meinen, daß er das alles eigentlich schon kann. Rennfahren ist jedoch so diffizil geworden – es kommt wie bei jedem Hochleistungssport auf Bruchteile von Sekunden an –, so daß es die Mühe wert ist, das Buch Schritt für Schritt durchzugehen und wiederholt zu lesen, gleichzeitig aber auch zu versuchen, das Gelesene in die Praxis umzusetzen.

Auch wer nicht Rennen fahren möchte, wird einen Gewinn von der Lektüre haben. Es wird ihm bei seiner täglichen Fahrpraxis helfen und er wird möglicherweise Motorradrennen mit etwas anderen Augen als bisher verfolgen.

Einleitung

Ich muß das Buch mit einem kleinen Geständnis beginnen. Ich bin nie wirklich so ganz und gar am Rennfahren interessiert gewesen, ich wollte nur fahren. Während meiner Laufbahn als Rennfahrer habe ich die anderen Fahrer auf der Rennstrecke meistens nur als lästig empfunden. Oft kamen sie mir in den Weg, wenn ich Beobachtungen über meine Fahrweise anstellte, wie ich sie verbessern könnte und wie ich meine Beobachtungen an meine Schüler weitergeben könnte. Mir hat es immer genausoviel Spaß gemacht, in einem Rennen allein vor mich hinzufahren wie Rad an Rad um den Sieg zu fahren.

Meine Begründung dafür ist einfach: Ganz gleich wie viele andere Fahrer auf der Rennstrecke sind, du mußt dich doch immer auf deine eigene Fähigkeit verlassen. Die Rennstrecke ist die immer gegenwärtige Herausforderung, nicht die anderen Fahrer. Über die Jahre hat sich durch meine Beobachtung die Überzeugung verstärkt, daß erfolgreiche Rennfahrer beim Training fast ebenso schnell sein können wie in einem Rennen. Wenn sie es für richtig halten, benutzen sie auf der Rennstrecke ihren Verstand, ohne daß sie sich durch den Konkurrenzdruck zwingen lassen, ,,schnell zu sein''.

Spiel ein gutes Spiel

Schnelles Fahren mit dem Motorrad ist ein riesigen Spaß machendes und anspruchsvolles Spiel, wie jedes Spiel mit Regeln und Grenzen. Dabei kann man gewinnen oder verlieren, und jeder Mitspieler verbindet etwas Persönliches damit. Das Spiel erfordert deine Aufmerksamkeit. Die Folgen eines groben Fehlers können schwer wiegen, so schwer, daß es sich schon lohnt, das Spiel auch gut zu spielen. Der Zweck dieses Buches ist es, die Techniken und Regeln schnellen Fahrens zu beschreiben, so daß jede Fahrt ,,ein Gewinn'' ist und daß du dich deinen Grenzen mit Zutrauen und Verständnis näherst und du den Zweck, den du mit Fahren oder Rennfahren verbindest, ausbauen kannst.

Mein Grundansatz, mit dem ich das Fahren verbessern möchte, ist:
Die Vorgänge beim Fahren durch genaues Bestimmen der Grundlagen zu vereinfachen und die für gutes Fahren zutreffenden Entscheidungen genau zu untersuchen.

Was wird das kosten?

Beim Motorradfahren spielt Aufmerksamkeit und die Frage, wo du sie einsetzt, eine Schlüsselrolle dabei, wie gut du funktionierst: **Aufmerksamkeit hat ihre Grenzen.** Jeder ist bis zu einem gewissen Grade dazu fähig, und das ist von einem zum anderen verschieden. Du verfügst über ebensoviel Aufmerksamkeit, wie du über eine bestimmte Menge Geldes verfügst. Wenn du für 10 Mark Aufmersamkeit besitzt, und du gibst für fünf Mark an Aufmerksamkeit für einen Aspekt des Fah-

Wenn dein Visier Wind durchläßt, verkleb es. Dann kann keine Luft mehr durch und wird deine Aufmerksamkeit nicht mehr ablenken.

rens aus, dann hast du für die anderen Aspekte nur noch fünf Mark an Aufmerksamkeit übrig. Gibst du neun aus, dann bleibt dir nur noch eine – und so fort.

Als du zu fahren angefangen hast, mußtest du wahrscheinlich neun Mark an Aufmerksamkeit darauf verwenden, daß du den Motor beim Loslassen der Kupplung nicht abwürgtest. Jetzt, wo du schon jahrelang und Tausende von Kilometern gefahren bist, kostet dich das wahrscheinlich nur noch fünf Pfennig oder einen Groschen an Aufmerksamkeit. Fahrer erzählen mir, daß einige gewöhnliche Vorgänge wie Schalten für sie „automatisch" geworden sind. Das stimmt nicht. Sie verwenden nur weniger Aufmerksamkeit darauf. So ist nun einmal Motorradfahren. Je mehr Vorgänge du auf den Wert von fünf Pfennigen oder einen Groschen reduzierst, desto mehr bleiben dir von deinen zehn Mark an Aufmerksamkeit für die wichtigen Vorgänge beim Fahren oder Rennen.

Wenn du auch nur eine Runde einer Rennstrecke oder ein Stück Wegs fährst, und besonders wenn du schnell fährst, mußt du Hunderte von Entscheidungen treffen. Hunderte! Verstehst du genug vom Fahren, um auch nur 25 solcher Entscheidungen richtig zu treffen, dann bist du wahrscheinlich schon ein recht guter Fahrer. **Das, was du nicht verstehst, wird den größten Teil deiner Aufmerksamkeit in Anspruch nehmen.** Wann immer du in eine Lage kommst, die du nicht beherrschst, wird sich deine ganze Aufmerksamkeit darauf fixieren. Oft fürchtest du eine Situation, bei der du nicht weißt, was dabei herauskommt, und die daraus resultierende Panik kostet dich 9,99 Mark oder du überziehst sogar dein Konto. Wenn du dir vorher genau überlegt hast, was du in einer solchen möglichen Situation zu tun hast, kostet dich das sehr viel weniger, und dir bleibt genug Aufmerksamkeit, aus verschiedenen Möglichkeiten die richtige Wahl zu treffen.

Unter Umständen kostet es mich nur einen Zehntel Pfennig, wofür ein anderer fünf Mark ausgeben muß. Aber etwas kostet es dich immer, was du auf der Strecke machst. Je besser du etwas kannst, desto weniger kostet es dich.

Wenn du dir im voraus die verschiedenen Möglichkeiten richtigen Fahrverhaltens überlegst, bleibt dir auf der Habenseite Zeit und Entscheidungsfreiheit, so daß du beim Fahrvorgang kreativ sein kannst, so als hättest du viel Kleingeld in der Tasche, das dir eine gewisse Bewegungsfreiheit erlaubt. Auf der Rennstrecke ermöglicht dir das ersparte Potential an Aufmerksamkeit zu experimentieren und deine Fahrfähigkeit zu verbessern.

Hochleistungsfahren und Rennen verlangen nicht nur von dir, daß du die notwendigen Handgriffe ausführen kannst, du mußt auch in der Lage sein, sie zu beobachten. Nur wenn du deine Fahrweise genau beobachtest, kannst du sie auch verbessern. **Wenn du weißt, was du gemacht hast, weißt du auch, was man ändern kann.** Wenn du nicht beobachtet hast, was du gemacht hast, werden die Änderungen zufällig und ungenau sein. *Meinst du nicht auch?*

In den folgenden Kapiteln sehen wir uns nun einmal dieses Spiel an und vor allem, wo Aufmerksamkeit am Platze ist oder worauf sie zu richten ist. Wir wollen die Grenzen des Fahrens genau erforschen und die Schritte planen, mit deren Hilfe wir jedes Mal einen „Gewinn" mit nach Hause nehmen.

Und schließlich wollen wir nicht den Hauptgrund aus den Augen verlieren, warum wir überhaupt mit dem Fahren angefangen haben, nämlich weil es Spaß macht und wir uns dabei wohlfühlen. Da haben wir Freiheit griffbereit vor uns, und wir brauchen nicht mehr als „A Twist of the Wrist" – einen Dreh aus dem Handgelenk.

Was ist ein Fahrer

Bevor wir uns auf irgend etwas Tiefsinnigeres einlassen, sollten wir uns darin einig sein, daß ein Fahrer derjenige ist, der das Motorrad unter Kontrolle hat, und kein Passagier. Der Fahrer betätigt die Bremsen und die Kupplung, das Gas und den Lenker. Er bestimmt, ob die Maschine schnell oder langsam, weich oder hart, auf den Rädern oder auf dem Lichtmaschinendeckel durch die Kurve geht, und nur er entscheidet, was zu machen ist, führt es aus und beurteilt dann, wie gut alles gelaufen ist.

Es klingt fast zu einfach, aber es stimmt: **Was du machst, geschieht, und was du nicht machst, geschieht auch nicht.** Motorräder machen nichts von allein. Weder gewinnen sie Rennen noch verlieren sie sie; sie machen keine Fehler, aber auch nichts richtig. Alles, was während einer Fahrt geschieht, hängt ausschließlich vom Fahrer ab.

Hast du je einen Neuling auf einer Rennstrecke oder Straße gesehen, der sich abmüht, seine Maschine in Gang zu bringen? Die grundlegenden Handgriffe, die Strecke und wer er selbst im Verhältnis dazu ist, sind ihm ein Geheimnis. Er hat ernsthaft das Gefühl, daß er gefahren wird. Wenn du selbst einmal solche Gefühle gehabt hast, um so besser. Selbst erfahrene Fahrer haben zuweilen dieses Gefühl gehabt.

Es gibt eine richtige Technologie des Fahrens. Man wird weder als guter noch als schlechter Fahrer geboren, Fahrfertigkeit lernt man. **Fahrer ist, wer eine Rennstrecke befahren oder auf der Straße fahren kann, schnell oder langsam, und weiß, was er gemacht hat und wie er es ändern kann.**

Der richtige Dreh

KAPITEL EINS

Die Straße auf der du fährst
Die Geheimnisse des Asphalts

Motorradfahrer haben unweigerlich ihre bevorzugten Strecken, deren Abschnitte wie Figuren eines Tanzes ineinanderfließen, wo alles so läuft, wie es sein soll – ohne Überraschungen. Auf der Straße oder Rennstrecke weißt du, welche Abschnitte das sind, aber du willst auch wissen, warum du sie bevorzugst. Was solltest du alles über die Straße, auf der du fährst, wissen? Welche Aspekte sind wichtig und welche nicht? Warum sind manche Streckenabschnitte schwerer zu befahren als andere?

Zunächst etwas über den Hintergrund. Autobahnen sind gebaut worden, damit Kraftfahrer sehr bequem von Punkt A zu Punkt B reisen können. Autobahnbauingenieure sind sehr rücksichtsvolle Leute; sie möchten, daß du die Strecke in einem Stück zurücklegst. Die Kurven sind oft leicht überhöht. Kurven mit sich verengendem Radius sind selten. Selten gibt es am Ende einer geraden Wegstrecke eine Haarnadelkurve. Nach außen geneigte Kurven sind wo immer möglich vermieden. Kurven sind vorhersehbar und überschaubar konstruiert.

Entworfen, um dich zum Narren zu halten

Eine Rennstrecke ist da etwas ganz anderes. Zu deiner Bequemlichkeit ist da nicht viel getan worden. Absichtlich ist da eine Strecke entworfen und angelegt worden, die für den Fahrer immer neue Situationen bereithält. Du sollst irregeführt und herausgefordert werden. In den schwierigsten Abschnitten gibt es Haarnadelkurven, meistens direkt hinter der schnellsten Geraden, und S-Kurven oder Schikanen haben oft einen langsameren Ausgang als Eingang. Kurven können dich mit mehreren Neigungswinkel- und Radiusänderungen verwirren, damit dein Fahrfluß unterbrochen wird und du in ungewöhnliche Situationen gezwungen wirst. Und je schneller die Kurven genommen werden, desto schwieriger werden sie. Doch gibt es nur fünf hauptsächliche Veränderungen, die in eine Asphaltpiste eingebaut werden können. *Ist dir das aufgefallen?*

Straßenarten

1. Veränderungen des Neigungswinkels: Ein Straßenabschnitt kann einen steigenden oder fallenden Neigungswinkel aufweisen. Letzteres bedeutet, daß die Innenseite höher liegt als die Außenseite. Oder die Straße ist eben. Eine Kurve kann mit jeder Kombination dieser Neigungswinkel konstruiert sein.

2. Veränderungen des Radius': Eine einzelne Kurve kann wie bei einem Halbkreis von konstantem Radius sein. Der Radius kann sich verkleinern, indem er sich auf das Ende zu verengt, oder er kann sich vergrößern, indem er sich auf das Ende zu öffnet. Oder aber er bildet eine Kombination aus diesen drei Möglichkeiten.

3. Kurvenfolgen: Bei einer Folge von miteinander verbundenen Kurven wird die Linie, die du durch den Anfangsteil der Kurve ziehst, zum Teil davon bestimmt, wo du rauskommen willst, um zur nächsten Kurve anzusetzen. Eine Reihe von Kurven kann einige oder alle der oben aufgeführten Veränderungen hinsichtlich des Neigungswinkels oder des Radius' aufweisen.

4. Steigungen, Gefälle und Straßenkuppen: Höhenunterschiede können an jedem Punkt, bei jeder Art von Kurve oder Änderung einer Straße oder Rennstrecke auftreten.

5. Gerade Abschnitte: Das sind Abschnitte, auf denen wenig oder gar kein Kurvenfahren erforderlich ist. **Steigungen oder Gefälle können hinzukommen.**

Das sind die fünf hauptsächlichen Veränderungen, die in ein Stück Asphalt eingebaut werden können. Dazu können holprige Abschnitte kommen, die von den Ingenieuren nicht eingeplant waren. Damit hast du alle möglichen Situationen. Wenn du eine Straße oder Strecke erfassen willst, mußt du ihre typischen Merkmale erfassen. Jede dieser Veränderungen hat einen direkten Einfluß auf dich und den Lauf deines Motorrades durch die Kurve. Willst du schnell und sicher fahren, dann mußt du begreifen, wie dich diese Veränderungen beeinträchtigen und wie du am besten mit ihnen fertig werden kannst.

Überhöhte Kurven sind für die meisten Fahrer bequem. Wenn du sie richtig erfaßt, kannst du den sich bietenden Vorteil voll ausnützen.

Steigender Neigungswinkel oder Überhöhung

Fast jeder fährt gern einen Straßenabschnitt, der etwas überhöht ist oder einen steigenden Neigungswinkel aufweist. Die Überhöhung hält dich senkrecht, indem sie wie eine „Mauer" wirkt, gegen die du deine Reifen pressen kannst. Die Überhöhung verlangsamt dein Motorrad sogar noch mehr, wenn du in die Kurve hineingehst, und zwar aufgrund des durch diese Mauer hervorgerufenen, größeren Widerstands. Die Schwerkraft arbeitet für dich: Sie zieht dich und die Maschine auf die Mauer hinunter und wirkt so der Zentrifugalkraft entgegen. *Ein paar Beispiele?*

Die Überhöhung ist sehr schwer zu erkennen, wenn du auf ihr fährst. Unter Umständen bemerkst du eine geringe Überhöhung überhaupt nicht, es sei denn, du hast sie dir vor dem Fahren angesehen. In den Steilkurven von Daytona kamen mir nach mehreren Runden auf dem äußeren Ring bei einem Rekordversuch die überhöhten Abschnitte eigentlich flach vor, und das Infield sah in einem Winkel von 20° geneigt aus. Leicht kann auch eine geringe Überhöhung enttäuschend wirken, weil du dich in die Kurve gelegt hast und keine gerade Sicht von der Straße hast. Wenn du die Geschwindigkeit steigerst, merkt man auch weniger von der Überhöhung.

Plane also immer, die Kurve so anzufahren, daß du aus der Überhöhung den größten Nutzen für dich ziehen kannst. Geh unten in die Überhöhung rein, nahe der Innenseite der Strecke, da wo die Überhöhung anfängt. Das gibt dir und deinem Motorrad den größtmöglichen Halt, den die Überhöhung zu bieten hat, bevor dein Motorrad auf dem flacheren Abschnitt von der durch die Beschleunigung hervorgerufenen Fliehkraft anfängt, nach außen getragen zu werden.

Auf einer überhöhten Strecke kannst du nicht unten rein fahren und oben rauskommen.

In einer Kurve ist sowohl dein Motorrad als auch du selbst wie ein Gewicht, das du an einem Gummiband um deinen Kopf herumwirbelst. Je schneller du drehst, desto stärker unterliegt das Gewicht der Fliehkraft und desto mehr drängt es nach außen. Die Überhöhung „hält" dich innen, bis du auf den nachfolgenden flacheren Teil der Strecke kommst.

Du kannst schneller in überhöhte Kurven gehen, als es aussieht, wenn du die Kurve einschätzt und sie aufgrund früherer Erfahrungen betrachtest. Anfänglich wird dich die Überhöhung zum Narren halten, und du wirst wahrscheinlich viel zu langsam reinfahren.

Wenn du einen überhöhten Streckenabschnitt verläßt, um auf eine ebenere Fläche zu fahren, mußt du das Motorrad aufrichten, denn es bekommt sehr viel leichter Bodenberührung, wenn die Überhöhung erst einmal vorbei ist. Beispiel: Wenn du dich auf einem überhöhten Abschnitt befindest und schon mit den Fußrasten schleifst, müßtest du das Motorrad im Verhältnis zur Oberfläche der Strecke sogar noch mehr abwinkeln, damit du den Kurvenradius beibehältst, wenn du die Überhöhung verlassen hast. Das ist natürlich nicht möglich, ohne unsanft abzusteigen. Wenn die Überhöhung 10° beträgt, mußt du das Motorrad wenigstens um weitere 10° abwinkeln, damit der Kurvenradius auf der flacheren Streckenfläche gewahrt bleibt.

Die Überhöhung verschafft dir mehr Bodenfreiheit als ein ebener Streckenabschnitt. Ich kenne Fahrer, die haben auf Rennstrecken Rundenzeiten fahren können, die Rekordzeiten nahekommen und die die-

Bei zunehmender Geschwindigkeit weitet die Zentrifugalkraft des Motorrads und Fahrers den Kurvenbogen. Die Linie muß sich mit zunehmender Geschwindigkeit ändern.

selbe Bahn 30 bis 40 Mal gefahren sind, bevor sie herausgefunden haben, daß ein Streckenabschnitt überhöht ist; deswegen konnten sie auf diesem Teil so schnell sein. Und als sie es erst einmal gewußt haben, sind sie sogar noch schneller gewesen. Wenn du keine Neigungswinkel der Strecke ausmachen kannst, dann wirst du auch mit Fahrmanövern fertig, die du eigentlich für sehr kritisch und gefährlich hältst, ohne auch nur zu ahnen, warum. Wenn du erst einmal die Gründe für dein Fahrverhalten entdeckt hast, kannst du die Strecke zu deinem Vorteil ausnutzen. *Kann das dein Fahren verbessern?*

Abfallende Kurven oder Kurven mit negativem Neigungswinkel

Ich kenne keine Fahrer, die Kurven mit negativem Neigungswinkel gern fahren. Bei diesen Kurven darf man noch weniger Fehler machen und sie flößen einem bestimmt auch kein Vertrauen ein.

Eine Kurve, die mit einer Überhöhung beginnt und mit negativem Neigungswinkel ausläuft, verlangt ein Höchstmaß an Veränderungen und Anpassungen der Schräglage. Wenn man da durchkommen will, muß das Motorrad noch weiter abgewinkelt werden. Die Wirkung ist ziemlich die gleiche wie beim Übergang von einer überhöhten auf eine ebene Oberfläche. Die Fliehkraft arbeitet jetzt gegen dich, zieht dich und dein Motorrad nach außen. Du verlierst Bodenfreiheit. Darum geh Kurven mit negativem Neigungswinkel so an, daß du so kurz wie möglich drin bleibst, also genau die entgegengesetzte Strategie wie bei einer überhöhten Kurve. Fahre gerade Linien auf den Streckenteilen, die einen negativen Neigungswinkel haben, weil du ja nicht gezwungen sein willst, bis an die Grenze abzuwinkeln, wenn du in einen Abschnitt mit negativem Neigungswinkel gehst. Im Idealfall winkelst du erst ganz am Ende des Abschnitts am stärksten ab.

Eine wirksame Alternative besteht darin, es so anzugehen, daß du in der Mitte des Kurvenabschnitts mit negativem Neigungswinkel am stärksten abwinkelst. Man nennt das „squaring off"*) oder auch „in den langsamen Teilen langsam fahren". Das bezieht sich auf die Art, wie du durch die Kurve gehst. Sie erlaubt es dir so weit wie möglich, den negativen Neigungswinkel auszugleichen. Im Prinzip mußt du so senkrecht wie möglich hineinfahren, dann machst du die Hauptkurskorrektur und fährst so gerade wie möglich heraus.

Fahrer neigen dazu, den grundsätzlichen Kurvenverlauf klarer zu sehen, weil er offenkundiger ist als der Wölbungswechsel. Das ist einer der bösen Tricks der Leute, die die Rennstrecke planen. Der Fahrer wird in die Kurve förmlich hineingezogen, weil er sein Fahrverhalten darauf abstellt, wie eine Kurve aussieht, anstatt sich die Änderungen der Neigungswinkel bewußt zu machen, die ihm so schwer zu schaffen machen können. Er muß sich vergegenwärtigen, daß jetzt die Schwerkraft sein Motorrad in die entgegengesetzte Richtung zieht, in die er in der Kurve eigentlich will. Und die Tendenz eines Motorrads, in einer Kurve mit negativem Neigungswinkel nach außen zu driften, ist erheblich. *Kann dir das helfen?*

Flache Kurven

Kurven ohne negativen oder positiven Neigungswinkel, ebene Kurven also, erfordern keine stärkere oder schwächere Schräglage deinerseits, um einen konstanten Radius oder eine konstante Geschwindigkeit beizubehalten. Die zweite Kurve in Daytona ist ein gutes Beispiel für eine im Grunde ebene Kurve ohne Radiusveränderungen, und die meisten schnellen Fahrer bevorzugen bei ihr die Innenseite. Bei derartigen Kurven ist der schnellste Weg die am wenigsten gekrümmte Linie, es ist auch die kürzeste Entfernung durch die Kurve. Bei einer ebenen Kurve wird nicht versucht, den Fahrer zu täuschen, es sei denn, es ist zur Abwechslung eine Radiusänderung eingebaut. Diese Kurven veranlassen den Fahrer zur größten Schräglage und über die längste Zeit zu Höchstgeschwindigkeit. Da du ohnehin früher oder später die Innenseite mit Höchstgeschwindigkeit und größter Schräglage fahren wirst, kannst du das auch von Anfang an machen. Wenn du im großen Bogen in eine Kurve einbiegst, gibst du nur einem anderen die Gelegenheit, dich zu überholen.

---

*) Dieses Wort kommt aus der Sprache der Dirttrackfahrer und bedeutet, daß der Fahrer in eine Kurve möglichst gerade hineingeht und an ihrem Scheitelpunkt eine scharfe Lenkänderung macht, um mit möglichst viel Drive wieder herauszukommen. Dies ermöglicht schnellere Einfahrt- und Ausfahrtgeschwindigkeiten. Sowohl Eddi Lawson als auch Kenny Roberts und Freddie Spencer benutzen diese Technik. Sie sind alle Dirttrack gefahren.

Konstanter Radius

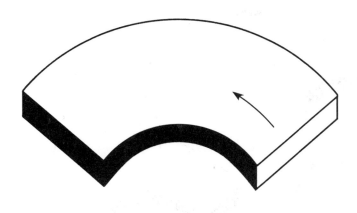

Eben

Negativer Neigungswinkel

Positiver Neigungswinkel

Änderungen des Neigungswinkels beeinflussen entscheidend, wie eine Kurve gefahren werden kann.

Änderungen des Radius

Streckenplaner verändern den Kurvenradius, um der Sache einen zusätzlichen Dreh zu geben. Ich beschreibe jetzt die Radiusgrundarten und wie man auf der Rennstrecke mit ihnen umzugehen hat.

Kurve mit konstantem Radius: Eine Kurve mit konstantem Radius (KR) wird weder größer (weiter) noch kleiner (enger), wenn du durchfährst. Wie oben schon erwähnt, wirst du schließlich den längsten Teil der Kurve an ihrer Innenseite entlangfahren, wenn es sich um einen ziemlich langen, konstanten Radius (KR) ohne Veränderung des Neigungswinkels handelt. Wenn es sich um eine kurze Haarnadelkurve handelt, hast du möglicherweise andere Vorstellungen davon, wie du Kurvenein- und -ausgang anlegst. In einer wirklich engen Haarnadelkurve mußt du einen abrupten Richtungswechsel vornehmen, und zwar da, wo du das größte Zutrauen dazu verspürst. Es gibt da keine Regel, wie das gemacht werden sollte.

Wenn eine Kurve mit konstantem Radius Änderungen des Neigungswinkels aufweist, kann das wie eine Kurve mit sich vergrößerndem Radius (GR) oder sich verringerndem Radius (RR) wirken. Wenn zum Beispiel die Kurve an ihrem Eingang überhöht ist und am Ausgang eben wird, hat sie auf dein Motorrad genau dieselbe Wirkung wie ein sich verringernder Radius. Wenn sie am Eingang eben und am Ausgang überhöht ist, wirkt das wie ein sich vergrößernder Radius. Unter Amateuren, aber auch bei Profis, ist es sehr verbreitet, Kurven so zu nehmen, wie sie auf Anhieb aussehen und nicht wie sie wirklich sind. Wie leicht kann es vorkommen, daß sich deine Aufmerksamkeit völlig auf den Kurvenradius konzentriert und du nicht bemerkst, daß sich der Neigungswinkel ändert. Doch wenn du die Stellen kennst, wo sich Neigungswinkel ändern, wird dir das in einer Kurve von großem Nutzen sein. *Wo kommt das vor?*

Die berüchtigte Hundekurve mit sich verringerndem Radius. Entworfen, um dich schneller hineinzuholen als dich wieder hinauszulassen.

Sich verringernder Radius

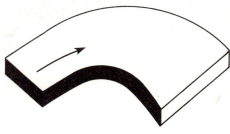

Sich vergrößernder Radius

Gewöhnlich leicht zu fahren; eine Kurve mit sich vergrößerndem Radius kann schwieriger gemacht werden durch Änderungen im Neigungswinkel.

Manchmal mußt du sehr weit außen reinfahren, so daß du keine Geschwindigkeit verlierst.

Kurven mit sich verringerndem Radius (Hundekurven): Das ist eine Kurve, die enger wird, wenn du durchfährst. Bei einer Kurve mit sich verringerndem Radius (RR) versucht der Planer dich reinzulegen, indem du sie als eine mit konstantem Radius, mit einem einzigen Scheitelpunkt ansehen sollst. Wenn du darauf reinfällst, mußt du eins von drei Dingen tun: 1) Fahre am Ausgang weit nach außen, 2) winkle das Motorrad am Ende der Kurve stärker ab – oder 3) nimm das Gas zurück, damit weder 1) noch 2) eintritt.

Eine Kurve mit sich verringerndem Radius hat wenigstens zwei Scheitelpunkte. Wenn du versuchst, die Kurve aus einem Scheitelpunkt heraus zu bemogeln, dann kriegt sie dich bestimmt mit dem zweiten. In einer RR-Kurve mußt du so fahren, wie die Straße ist: versuch nicht, aus der Kurve etwas zu machen, was sie nicht ist. Ein irreführender Ratschlag ist jahrelang im Umlauf gewesen; er besagte, daß du RR-Kurven auf den letzten Scheitelpunkt fahren sollst. Das mag in einer sehr engen RR-Kurve richtig sein, aber in einer längeren Kurve mußt du sie auf zwei Scheitelpunkte ausfahren.

Du kannst dir die Kurve länger machen, indem du sie weit außen anfährst. Das hält deine Geschwindigkeit aufrecht und vermindert die Abruptheit der eigentlichen Lenkänderung. Eine RR-Kurve, die am Eingang eben und am Ausgang überhöht ist, wird sich wie eine GR- oder KR-Kurve darstellen, abhängig davon, wie ausgeprägt die Überhöhung ist. Wenn eine Kurve so angelegt ist, daß du gezwungen wirst, an irgendeinem Punkt langsam zu fahren, dann mußt du bestimmen, wo du langsam fahren willst und die Entscheidung nicht dem Planer überlassen. Wenn du eine Kurve richtig ausmachst, dann fährst du die Strecke – und nicht die Strecke dich. Wenn du auf deiner Linie einen groben Fehler machst, dann hast du dich wahrscheinlich verleiten lassen ganz danach zu fahren, wie die Strecke aussieht, und nicht danach, wie sie wirklich ist.

Kurven mit sich vergrößerndem Radius (GR): Diese Kurve öffnet sich, wenn du sie durchfährst. Bei einer GR-Kurve hast du das sicherste Gefühl, weil dir am Ende Raum für Änderungen und Korrekturen bleibt. Wenn du zu schnell in eine GR-Kurve fährst, kannst du das leicht berichtigen, weil dir genug Raum zur Verfügung steht. Eine GR-Kurve kann durch den Neigungswinkel der Straße beträchtlich verändert werden, wie das auch bei der RR-Kurve der Fall sein kann. Wenn sie bei der Einfahrt überhöht und am Ausgang eben ist oder abfällt, wird es sich wie bei einer KR- oder RR-Kurve verhalten, abhängig davon, wie stark fallend der Neigungswinkel ist. **Der Radius der Kurve ist gewöhnlich im Hinblick auf den Neigungswinkel zweitrangig.** *Bist du dir dessen bewußt?*

Kurvenfolgen: Zwei oder mehr Kurven, die so miteinander verbunden sind, daß sie einander beeinflussen, nennen wir Kurvenfolgen. Gewöhnlich sind sie eingeplant worden, damit du deine Geschwindigkeit drosselst, wo du sonst schneller gefahren wärst. Zum Beispiel: Der Eingang einer S-Doppel-Kurve ist schneller als ihr Ausgang. Wenn man so schnell wie möglich hineinfährt, dann verdirbt man sich damit den Ausgang. Wenn man sich dem Eingang schon mit dem Gedanken an den Kurvenausgang nähert, dann wird der Fahrer hier schon etwas an Geschwindigkeit opfern, um mit konstanter Geschwindigkeit die Kurve verlassen zu können. Oft ist das die bessere Strategie, als zu drosseln und für die Ausfahrt wieder Gas zu geben.

Es ist sehr verwirrend, wenn man diesen Wechsel in der zweiten Kurve einer Folge vornimmt. Kenny Roberts hat oft gesagt, du mußt an einigen Stellen langsam fahren, um an anderen schnell zu sein – sein „langsam" würde allerdings bei den meisten von uns zu einem Herzstillstand führen. Auch hier wieder beabsichtigen die Planer, uns einzulullen, so daß wir dann zu früh oder zu spät reagieren. Bei einigen Hochgeschwindigkeitsschikanen kann es auf die Rundenzeit berechnet über eine Sekunde ausmachen, wenn man beim Kurveneingang Gas zurücknimmt und im Kurvenausgang zügig beschleunigt. Schikanen wie jene in Pocono (Pennsylvania), Daytona und Sears Point (California) sind gute Beispiele. *Kannst du das anwenden?*

Kurven mit Steigungen, Gefälle und Straßenkuppen: Wenn eine Rennstrecke Höhenunterschiede aufweist, können sich daraus spannende Änderungen der Fahrweise ergeben. Eine aufwärts und abwärts führende Strecke stellt keine besonderen Probleme, es sei denn in Verbindung mit einer trickreichen Wölbungs- oder Radiusänderung oder sogar mit beiden. Schwierigkeiten bei steigenden und fallenden Abschnitten entstehen gewöhnlich bei Straßenkuppen oder wenn es nach einer steilen Steigung wieder abwärts geht. An einer solchen Stelle wird sich das Motorrad leicht anfühlen und auf der Straße auch tatsächlich leicht sein. Bremsen bei der Fahrt über einen solchen „Sprunghügel" ist verzwickt, weil der Druck des Motorrads nach unten vermindert wird. Daraus ergibt sich eine geringere Haftung.

Eine Kurve mit einer Kuppe in der Mitte ist auch verzwickt, weil das Motorrad dazu neigt, sich aufzurichten und nach außen zu gehen. Wieder kommt es zu verminderter Bodenhaftung. Die Wirkung ist die gleiche wie bei einem Stück Weg mit fallendem Neigungswinkel. Am besten fährt man so aufrecht wie möglich durch eine Kurve mit einer Kuppe. *Irgendwelche Beispiele?*

Wenn du an einer Steigung bremsen mußt, hast du den Vorteil, daß du das Motorrad schneller anhalten oder verlangsamen kannst als auf ebenen oder abwärts führenden Streckenabschnitten. Wenn die Steigung, an der du bremst, 15° beträgt, verleiht dir die Schwerkraft, die dich zurück- und hinunterzieht, einen um 27% besseren Bremsfaktor. Du kannst die Bremsen um 27% stärker beanspruchen, ohne sie zu blockieren, und das ist sehr viel! Auf einer Gefällstrecke ist die Situation genau umgekehrt, die Bremsen blockieren leichter. Ein weiteres Problem auf Straßen mit Steigungen, Gefälle und Kuppen besteht darin, daß Motorräder leicht vorne hochgehen. Das ist aber nicht wirklich ein Problem, es sei denn, man muß in eine Kurve fahren und das Vorderrad ist noch in der Luft.

Gerade Abschnitte: Dabei handelt es sich um gerade Streckenabschnitte ohne Kurven oder Änderungen, die dich beeinträchtigen können. Geraden sind genau der richtige Ort, an dem man sich ein oder zwei Sekunden lang entspannen kann. Achte darauf, daß du gleichmäßig atmest. Viele Fahrer halten oft bei einer anstrengenden Fahrt ihren Atem an. Das mindert ihre Leistung. Mangel an Sauerstoff ist beim Fahren einer der Gründe für Muskelkrämpfe.

Die Straße, auf der du fährst, ganz gleich ob es sich dabei um eine öffentliche Straße oder eine Rennstrecke handelt, besteht aus fünf Komponenten: Wölbung, Radius, Steigung, Kurvenfolgen und Geraden. Die Art und Weise, wie diese Komponenten miteinander verbunden sind, bestimmt deinen Ansatz, wie du sie fahren willst, und zwar nicht nur was die Geschwindigkeit betrifft, sondern auch was die Sicherheit angeht. Der Zweck einer Rennstrecke ist die ständige Überprüfung deines fahrerischen Könnens; die Planer haben sie absichtlich schwierig angelegt. Deine Aufgabe ist es, die Geheimnisse der Anlage offenzulegen, indem du dir dein Wissen zu Nutzen machst. Auch noch so großer Mut kann kein Verständnis ersetzen, und keine noch so vielen Federungseinstellungen werden völlig die aus diesen fünf Komponenten entstehenden Kräfte wettmachen. *Hast du das verstanden?*

Beachte: Oberflächen von Rennstrecken

Die meisten Rennstrecken und Bergstraßen sind mit Asphaltverbindungen bedeckt. Asphalt kann mit verschiedenen Substanzen vermischt sein, und oft ist er das auch. Daraus sollen sich verschiedene Arten von Straßenbelag ergeben. Rennstrecken zum Beispiel enthalten oft gemahlene Meeresmuscheln oder Granitsplitter[*], die dem Asphalt beigemischt sind. Das verleiht den Reifen festeren Halt und somit eine bessere Haftung. Die Mischung unterscheidet sich oft stark von Strecke zu Strecke und Straße zu Straße. Das ist einer der Gründe, warum die sorgfältige Wahl der Reifen ein sehr wichtiges Element beim Rennfahren geworden ist.

Andere Faktoren, besonders Hitze, spielen eine große Rolle bei der Entscheidung, welcher Reifen für diesen bestimmten Tag am geeignetsten sein wird. Ein bedeckter Tag, an dem sich die Streckendecke nicht so erhitzt, erfordert wohl einen anderen Reifen als ein sonniger Tag,

---

[*] Jedenfalls in den USA.

selbst wenn die Lufttemperatur dieselbe ist. Asphaltdecken von dunklerer Farbe heizen sich leichter auf als hellere Abschnitte. Das ist auf dem Sears Point Raceway von Sonoma in Kalifornien der Fall, wo die Strecke aus einem Gemisch von drei oder vier verschiedenen Asphaltverbindungen besteht. Reifen, die sich auf einem Belag gut bewähren, schmieren auf einem anderen weg. Und Reifen, die sich am Morgen, bevor sich die Strecke aufgeheizt hat, gut fahren lassen, haben manchmal am Nachmittag keine gute Haftung – und umgekehrt.

Die Gummimenge auf einer Strecke beeinflußt ebenfalls die Haftung. Ich habe sagen hören, daß die Haftung nach einem Autorennen besser ist, wenn sich viel Gummi auf dem Asphalt abgelagert hat. Aber ich habe auch Fahrer sagen hören, es wäre nicht so gut. Nach meiner eigenen Beobachtung sind Rundenzeiten auf rauhem Asphalt schneller, nachdem die Strecke mit einer guten Lage Gummi versehen ist, besonders nach einem Autorennen, vorausgesetzt es liegen keine losen Gummistücke auf der Streckendecke herum und es ist nicht naß.*)

Reifen und Asphalt sind eine Wissenschaft für sich, und ich will gar nicht erst versuchen, sie hier zu behandeln. Wenn du das liest, hat sich die Technologie schon wieder geändert, und die Gummimischungen der Reifen sind anders, und zwar besser, als das, was wir jetzt haben.

Du mußt den Straßenbelag „lesen" können. Ich weiß, ob ich schneller werden will oder nicht. Es gibt viele Arten von Straßenbelägen. Manchmal erweisen sich alle die, die aussehen, als ob die Haftung auf ihnen besonders gut wäre, genau als das Gegenteil.

---

*) Das trifft nicht unbedingt auf deutsche Rennstrecken zu.

KAPITEL ZWEI

Was du machst
Du wirst ein Wissenschaftler

Das wichtigste Werkzeug des Fahrers ist seine Fähigkeit, die fahrerischen Aktionen auszuführen sowie zu **beobachten und sich zu merken, was er gemacht hat.** Darin steckt ein Schlüssel zur Vervollkommnung.

Mach dich nicht selbst schlecht

Manche Fahrer haben die schlechte Angewohnheit, negativ über ihre Fahrweise zu sprechen. ,,Ich bin nicht hart genug reingegangen'', ,,Ich hätte die Ecke schneller nehmen müssen'', ,,Ich bremse nicht so gut'', ,,Ich hätte eine bessere Linie durch die Kurve nehmen sollen''. Hab' nicht. Kann nicht. Hätte nicht sollen, hatte nicht, zu viel, nicht genug. Die meisten Fahrer verwenden diese negativen Worte viel zu oft. Wie kann da eine Angabe über das, was er nicht richtig gemacht hat, oder beinahe oder nicht ganz, je seine Fahrweise verbessern? Wenn jemand überhaupt fährt, dann macht er schon mehr richtig als falsch. Es kann also nur darum gehen, Richtiges auszubauen und Falsches abzulegen. *Machst du das?*

Was du nicht gemacht hast, kannst du auch nicht korrigieren

Wenn du deine Fahrweise ändern willst, gibt es nur einen Weg, nämlich indem du änderst, was du gemacht hast. Darum mußt du genau wissen, was du <u>gemacht hast</u>, und nicht, was du <u>nicht gemacht hast.</u> Auf dieser letzten Runde hast du vieles nicht gemacht, zum Beispiel hast du deinen Wagen nicht gewaschen, du bist nicht zur Kirche gegangen und du hast so ziemlich alles nicht gemacht, was man so im Leben machen kann. Du hast nur gemacht, was du gemacht hast. Darum geh also nicht in die Falle und versuch zu verbessern, was du überhaupt nicht gemacht hast. Da gibt es nichts zu verbessern. ,,In der zweiten Kurve bremse ich nicht spät genug'', klingt ziemlich harmlos, aber was für eine Angabe ist in diesem Satz enthalten, an der du etwas verbessern kannst? Wenn du statt dessen sagst: „Ich habe auf dem Asphaltstück genau vor der dritten Markierung zu bremsen angefangen, und jetzt weiß ich, ich kann sogar noch später bremsen", dann weißt du, was du gemacht hast und hast jetzt etwas, was du ändern kannst.

Es ist ganz einfach: Denk an deine Fahrweise negativ, dann hast du nichts zu ändern. Betrachte es so, wie es gewesen ist und du <u>hast</u> etwas zu ändern. Negatives Denken ist unglaublich unproduktiv. **Etwas zu ändern, was du nicht gemacht hast, ist unmöglich.** Wenn du negativ über deine Fahrweise denkst, verwirrt dich das nur. Ein Zerrspiegel bewirkt das gleiche. Das ist kein Ausgangspunkt für dein Denken, es bringt dich vielmehr durcheinander, indem es verdeckt, wo du stehst und wieweit du es bringen kannst. Du hast keinen Ausgangspunkt. In der Verwirrung verlierst du den festen Punkt für deine Richtung, indem du meinst, du habest viele Möglichkeiten. Wenn du einen festen Begriff davon hast, wovon du ausgegangen bist, dann kannst du immer wieder dahin zurückgehen und von vorn anfangen. Das gilt auch auf der Rennstrecke. Solange du nur weißt, was du gemacht hast, hast du auch eine verläßliche Basis, von der aus du bei der nächsten Runde Korrekturen anbringen kannst. *Kann das auch für dich gelten?*

Fahren ist eine Sache – fahren und wissen, was du machst, schon ganz etwas anderes

Du kannst nur soundsoviel Aufmerksamkeit auf das, was du machst, aufwenden, nämlich deine zehn Mark. Wenn du alles für Nur-Fahren ausgibst und nichts dafür zu beobachten, was du machst, dann kannst du ziemlich schnell fahren. Aber wenn du fünf Mark fürs Fahren anlegst und fünf Mark dafür, dich zu beobachten und was du machst, dann hast du etwas worauf du sehen und was du ändern kannst, wenn du an die Boxen zurückkommst. Du brauchst dir keine Hoffnungen zu machen,

Wenn du ein genaues Verzeichnis von dem, was du auf der Strecke machst, im Kopf hast, ist das unbezahlbar.

Ich weiß, wie ich aussehe, wenn ich durch die Kurven fahre. Es mag häßlich aussehen, aber es funktioniert.

Beim ersten Training fahre ich langsam und schau mir die Strecke an und bekomme ein Gefühl für das Motorrad.

du könntest dich in Hochstimmung bringen, um schneller zu fahren. Du kannst schneller fahren, wenn du herausfindest, wie du es besser machen kannst.

Wie entwickelst du nun diese wunderbare Fähigkeit, gleichzeitig zu fahren und zu beobachten, was du dabei machst? Ganz einfach, indem du dich dazu entschließt. **Du bemühst dich darum, darauf zu achten, was du machst, während du es machst. Versuch es mal.** Wenn du schon eine Liste deiner Rundenzeiten auf der Strecke hast, dann fahr wieder los und bemüh dich darum, dich dabei zu beobachten. Zunächst wird dir auffallen, daß du langsamer fährst, wenn du beides, nämlich Fahren und Beobachten, gleichzeitig machst. Es kostet dich viel Aufmerksamkeit, beides gleichzeitig zu machen. Du wirst dabei nicht so hart rangehen. Aber gib nicht auf. Du wendest viel fürs Gucken und etwas weniger für Fahren auf.

Nimm es als Ganzes

Geh mal auf die Rennstrecke und absolviere ein volles Training und versuch dabei zu beobachten, was du machst. Komme dann zu den Boxen zurück und denk es noch einmal durch. Beginne dann das nächste Training und fahr einfach. Zweierlei wirst du dabei bemerken: 1) Du bist schneller gefahren, oder 2) das Fahren ist weniger anstrengend gewesen als vorher. Ebenso ist beides möglich: du bist mit weniger Anstrengung schneller gefahren.

Wenn du mit weniger Anstrengung fährst, bedeutet das, daß du mehr Aufmerksamkeit darauf verwendest, was wichtig ist, und weniger darauf, nur gerade auf Überraschungen gefaßt zu sein. Wenn du nicht weißt, was in einer Kurve auf dich zukommt, dann wirst du angespannt sein. Wenn du dir aber etwas Zeit dafür genommen hast zu beobachten, was passiert ist, dann hast du weniger Aufmerksamkeit für mögliche Überraschungen aufgewendet.

Es kostet dich mehr Aufmerksamkeit zu verhindern, daß etwas geschieht, als es dich kostet, damit etwas geschieht

Wie in allem, so kostet es dich anfangs viel Aufmerksamkeit, wenn du beobachtest, was du machst. Wenn du vertrauter damit bist, wendest du weniger Aufmerksamkeit dafür auf. Es kann ein Jahr oder länger dauern, bis ein Fahrer meint, daß es o.k. ist, wenn er an bestimmten Stellen der Strecke ein bißchen den Hinterreifen wegrutschen (sliden) läßt. Möglicherweise gewinnt er dabei bis zu fünf Sekunden. Doch bevor er sich zu dieser Entscheidung durchringt, für die es vielleicht nur eines Bruchteils einer Sekunde auf der Strecke bedarf, hat er womöglich fast seine ganze Aufmerksamkeit darauf verwendet, das Hinterrad am Durchdrehen und Wegschmieren zu hindern.

Wenn man beobachtet, wo etwas und was auf der Strecke passiert ist, dann wird so etwas wie ein kleiner Slide mit dem Hinterrad zu einer vorhersehbaren Angelegenheit beim Fahren. Ein Fahrer, der eine Verringerung der Rundenzeiten feststellt und auch bemerkt, wo er gerutscht ist und wodurch es dazu gekommen ist, hat etwas, worauf er seine Entscheidung stützen kann. Er kann nämlich entscheiden, ob der Slide nützlich war oder nichts gebracht hat und ganz und gar unterlassen bleiben sollte. *Leuchtet das ein?*

Beobachtung ist die Grundlage für Veränderung

Wenn du auf die Strecke gegangen und eine bessere Rundenzeit gefahren bist, aber nicht beobachtet hast, wie du das gemacht hast, dann wirst du auch nicht in der Lage sein, die richtigen Aktionen zu verbessern. Fahrer, die einfach fahren und nicht beobachten, glauben, daß alles, was auf der Strecke passiert ist, von ihnen genau so und in derselben Reihenfolge wiederholt werden müßte, damit sich die gute Leistung wiederholt. Auf diese Weise werden Fahrer abergläubisch. **Weil diese Fahrer nicht wissen, was sich als nützlich erwiesen hat, versuchen sie, alle Faktoren genau so zu belassen, wie sie waren, als sie eine gute Zeit gefahren sind.** Du <u>kannst</u> Dinge unverändert lassen, aber nur wenn du beobachtest, was du gemacht hast, und dann entscheidest, welche Faktoren am besten waren. **Beobachten, was du gemacht hast, ist der Schlüssel, aus deinen Fehlern zu lernen.**

Wenn alles o.k. ist, kannst du genau sagen, welche Runden gut waren.

Aus der Kenntnis, die du aus deinen Fehlern gewinnst, kannst du dich leicht selbst betrügen. Sagen wir einmal, du bist ein bißchen zu schnell in die Kurve gegangen und zu weit von deiner Linie abgekommen. Normalerweise würdest du versuchen, wieder auf diese Linie zurückzukommen, weil du damit zurecht gekommen bist. Schön, aber da ist ein Haken. Wenn du nämlich „deinen Fehler ausfährst", dann lernst du, wie du mit dieser anderen Linie zurechtkommst. Wenn du aber verzweifelt versuchst, zu der idealen Linie zurückzukehren, nachdem du nun einmal den Fehler gemacht hast, dann lernst du nichts daraus, außer daß du einen Fehler gemacht hast. Wenn du den Fehler ausfährst, erfährst du etwas sehr Wertvolles, nämlich was du machen mußt, wenn dir das noch einmal passieren sollte.

Alles, was du machst, kann ein bißchen falsch sein, zumindest aber weißt du, was passiert, und das ist der Ausgangspunkt für jede Änderung. Es ist bekannt, daß Fahrer zu völlig neuen Fahrweisen gekommen sind, nachdem sie Fehler gemacht haben. **Fahr deinen Fehler aus und sieh, was passiert.** Es kostet dich mehr Aufmerksamkeit, wenn du versuchst, etwas zu verhindern, als wenn du durchstehst, was du angefangen hast. *Glaubst du, daß das hinhaut?*

Wenn du erst einmal einen Fehler bemerkst, ist es zu spät, ihn zu korrigieren

Das hast du vielleicht schon einmal gehört — es stimmt. Wenn es erst einmal in irgendeiner Runde oder in irgendeiner Kurve zu einem Fehler gekommen ist, kannst du nicht den Asphalt zurückrollen oder die Uhr zurückstellen, um ihn zu korrigieren. Du mußt nur das Beste daraus machen. Finde heraus, was falsch war und korrigiere den Fehler in der nächsten Runde.

Das Letzte, was du gemacht hast, hat dich in Schwierigkeiten gebracht

Die Wurzel des Übels liegt darin, wie du beispielsweise gebremst oder gekuppelt hast oder die Entscheidungen, die du getroffen und nach denen du gehandelt hast, <u>kurz bevor</u> das Problem aufgetreten ist.

Ein gutes Beispiel dafür ist, wenn man zu weit in die Kurve geht. Der Fahrer ist dahingekommen, weil es die Stelle war, die er das letzte Mal mit dem Motorrad anvisiert hatte, als er die Lenkänderung vornahm. Die meisten Fahrer würden sagen: „Ich bin nicht früh genug reingegangen." Das stimmt nicht. Tatsächlich ist er zu lange geradeaus gefahren. Um festzustellen, was geschehen ist, braucht der Fahrer viel mehr Zeit, wenn er von dem Punkt aus, an dem er das Problem erkannt hat, danach zu suchen beginnt, als wenn er zu dem früheren Punkt zurückgeht, wo er geradeaus gefahren ist, bevor er angefangen hat, in die Kurve zu gehen. **Er muß sich darüber klar werden, daß er aufgrund der früheren Entscheidung, geradeaus zu fahren, gehandelt hat, und nicht aufgrund der späteren, in die Kurve zu gehen.** *Gilt das auch für dich?*

Wenn du eine falsche Erklärung für einen Fehler findest, werden die Lösungen auch falsch sein

Hierin liegt ein weiterer wesentlicher Grund, warum du ein sorgfältiger Beobachter dessen sein solltest, **was du machst.**

Fahren können ist wichtig, aber fahren <u>und beobachten</u> führt zum rechten Verständnis.

NOTIZEN

KAPITEL DREI

Das Produkt
Wie du Präzision durch Begreifen entwickelst

Was ist die Linie in der dritten Kurve? Welches ist die **beste Linie** in irgendeiner Kurve? Warum ist die Linie eines Fahrers so unterschiedlich von der eines anderen?

50 Jahre technische Entwicklung

Früher konnte man Linien leichter ausmachen. Sehr viel an Rennfahrertheorie ist in den letzten 50 Jahren entwickelt worden, und das ist eine Menge Geschichte, die Vorstellungen aufrechtzuerhalten, die noch heute aus den 50er Jahren und früher in uns herumspuken. Auf einem Motorrad, so meinte man, wäre die gerade Linie durch eine Kurve der schnellste Weg oder die schnellste „Linie". Doch die Dinge haben sich heute geändert. Was damals stimmte, muß heute nicht notwendigerweise wahr sein.

Physik und Naturgesetze haben sich nicht geändert, aber Reifen und Federungssysteme. In den 50er Jahren und früher bestimmte das Fehlen einer ausgeklügelten Technologie die Grenzen der Fahrer. Sie mußten die fließendste, kürzeste und „geradeste" Linie durch die Kurven

Stand der Fahrkunst? Gut genug, um Laconia 1965 zu gewinnen!

nehmen, weil die harten Gummimischungen und wenig nachgebenden Federungssysteme früherer Zeiten abrupte Richtungswechsel, Bremsen auf rauhen oder geriffelten Straßendecken, scharfes Bremsen in Schräglage und andere heutige Fahrmöglichkeiten einfach nicht zuließen. Wenn du 1950 ein Paar Dunlop Sport Elites besessen hättest und auf einer 1980er Kawasaki GPZ 550 zur Isle of Man gefahren wärst, dann hättest du wahrscheinlich das Rennen gewonnen. Heute ist das ein <u>Straßen-motorrad</u> mit <u>Straßenreifen</u>.

Die Reifen- und Federungstechnik macht es heute möglich, daß mehr als eine Linie durch eine Kurve gefahren werden kann und daß es hinhaut. Seit den 50er Jahren haben sich die Fahrstile beträchtlich geändert, doch die überholten Fahranweisungen aus jenen Tagen verwirren manchen von uns noch in den 80er Jahren. Ein ungetrübter Blick auf Fahranweisungen und Technologie kann uns da helfen, besser zu fahren.

<u>Definition:</u> Ein Produkt ist etwas, das produziert wird; es ist das Endresultat, wenn alle Arbeit getan ist. Ein Produkt ist etwas, was du in der Hand oder im Kopf haben kannst. Du kannst es drehen und wenden und sehen, ob es besser oder anders produziert werden kann, ob es korrigiert oder so belassen werden kann.

Produkt einer Kurve

Eine Kurve oder eine Kurvenfolge hat ein „Produkt". Das ist jener Punkt, an dem du sagen kannst: „Ich kann die Kurve jetzt. So habe ich es diesmal gemacht, und das ist dabei herausgekommen. Was kann ich machen, um es besser zu machen?"

Der einfachste Weg, jenen Punkt ausfindig zu machen, besteht darin, daß du dich erinnerst, wo du so mutig gewesen bist und gedacht hast: „Durch die könnte ich auch schneller fahren." **Wenn dir genug Aufmerksamkeit geblieben ist, deinen Fortschritt Revue passieren zu lassen und die Kurve dir nicht länger zu schaffen macht, <u>dann kannst du sie fahren.</u>** *Hast du diese Erfahrung gemacht?*

An diesem Punkt ist die Gesamtsumme all dessen, was du in der Kurve gemacht hast, säuberlich verpackt. Du weißt, ob das, was du gemacht hast, hinhaut oder nicht. Einige Teile des Produktes sind richtig zusammengestellt worden und andere vielleicht nicht. Dieses Produkt läßt sich auf der Strecke lokalisieren, zum Beispiel als ein Punkt, der einen knappen Meter vom Außenrand entfernt ist oder direkt neben „jenem Stück" Asphalt liegt. Dieser Punkt der Strecke erinnert dich nun daran, wo genau du diese Kurve für diese Runde abhaken kannst.

Andere Faktoren

Abgesehen von dem Punkt, den du auf der Strecke lokalisiert hast, sind andere Faktoren wichtige Teile des Produktes: in welchem Gang du bist, deine Geschwindigkeit an jener Stelle, deine Körperhaltung auf dem Motorrad. Gewöhnlich ein bestimmter Neigungswinkel des Motorrades. Wieviel Kontrolle du über das Motorrad hast. Wieviel du lenkst – oder auch nicht. Gasgeben. Reifenhaftung. Deine Eindrücke davon, was du gemacht hast und wie gut es war. Und ein Vergleich dieses Kurvendurchgangs gegenüber früheren. All das und mehr ist Teil <u>deines</u> Produktes für diese Kurve. **Die Qualität deines Produktes wird davon bestimmt, was geschehen ist und wie es funktioniert hat.** *Wie denkst du darüber?*

    <u>Beachte:</u> **Du benutzt das Produkt, um eine Reihe <u>bekannter</u> Umstände zu entwickeln, über die du nachdenken kannst und die du ändern kannst, wenn es dir notwendig erscheint. Ein Zwischenprodukt ist eine bestimmte Reihe <u>bekannter</u> Umstände, die zum Produkt für diese Kurve führen.**

    Sowohl deine **Produkte** als auch **Zwischenprodukte** haben genau lokalisierbare Punkte auf der Strecke. Es gibt kein allgemeingültiges **Produkt,** sie werden für jedes Motorrad und für jeden Fahrer immer etwas anders ausfallen. **Dein Produkt ist ein bekanntes Ziel entlang einer bekannten Route.** Es wird vorausgesetzt, daß du weißt, wohin du auf der Strecke fährst, und das **Produkt** ist der Streckenabschnitt, in den du fährst. Wer über das beste **Produkt** verfügt, gewinnt. **Produkt** und **Zwischenprodukte** sind das Ergebnis eines vorherbestimmten und vorher entschiedenen Handlungsplans, der auf deiner Kenntnis der Teile jener Kurve und deiner Kenntnis, wie du deine Maschine da durch bekommst, basiert.

David Emde vollbringt wahre Wunder auf dem 250-ccm GP-Motorrad. Mit über 85 kg und 1,90 m Größe sieht sein „Plan" anders aus als deiner.

Deine Linie ist das Ergebnis deines Plans

    Wenn man mit den meisten Fahrern spricht, dann könnte man leicht glauben, daß du nur die „richtige Linie" durch die Kurve zu finden brauchst, und alles andere sich dann magisch von selbst ergibt und deine Rundenzeiten sich aufgrund dieser Kenntnis verbessern. Das stimmt nicht.

    Ich habe einmal damit experimentiert, daß ich anderen die **„richtige Linie"** durch die Kurven einer Rennstrecke gezeigt habe. Ich ließ Schüler mir Runde für Runde bei mäßigen Geschwindigkeiten folgen, wie ich genau dasselbe und genau an derselben Stelle auf der Strecke tat. Der Schüler wurde dann aufgefordert, alles, was ihm gezeigt worden war, zu wiederholen. Ich habe nie einen Schüler gehabt, der das genau konnte. Eddi Lawson machte dieselbe Beobachtung, als er Schüler der

California Superbike School in Loudon (New Hampshire) unterrichtete. Nur ein Fahrer von 25 konnte seine Linie nach der ihm gezeigten nachvollziehen.

Ich habe mich in dieselbe Lage versetzt und einen besseren Fahrer gebeten, mir seine „Linien" auf einem Kurs zu zeigen. Bei dem Kurs handelte es sich um den Ontario Motor Speedway von über 5 km Länge mit 20 Kurven. Der Fahrer war der damalige US-250-ccm-Champion David Emde, der in jenem Jahr auf $^1/_4$-Liter-Maschinen unschlagbar war. Wir fuhren die Strecke bei einer guten Trainingsgeschwindigkeit, als ich ihn genau beobachtete, was er da so machte, und zwar in der Hoffnung, irgendwelche tiefen, dunklen Fahrgeheimnisse herauszufinden.

Und ich fand sie. Ich habe herausgefunden, daß **die Linie eines Fahrers das Ergebnis seines Plans ist, mit dem er sich durch eine Kurve bewegt.** Sein Plan beruht auf dem, was er gut kann und was er nicht so gut kann. Ich habe damals wie heute festgestellt, daß der Plan eines Fahrers auf seinen Schwächen und Stärken beruht. Seine Linie ist das Ergebnis der Beobachtung, wie seine Stärken und Schwächen zusammenspielen.

Zum Beispiel werden Fahrer, die das Motorrad bis zum „geht nicht mehr" abwinkeln, ihre „Linie" gewöhnlich so planen, daß sie den Neigungswinkel des Motorrades zu ihrem Vorteil ausnutzen können. Ihre „Linie" ist oft nahe der Kurveninnenseite. Umgekehrt wird ein Fahrer, der nicht die ganze, ihm zur Verfügung stehende Bodenfreiheit ausnutzt, seine „Linie" (Plan) so anlegen, daß er nicht zu lange abwinkeln muß. Er wird so schnell wie möglich aufhören zu lenken, die Maschine aufrichten und so aufrecht wie möglich aus der Kurve gehen. Alle Fahrer werden ihre Kurven an ihren vermeintlich starken Seiten orientieren.

Eine Linie fahren lernen

Einem anderen Fahrer zu folgen, kann sehr lehrreich sein, wenn du dadurch, daß du ihn beobachtest, seinen **Plan** erkennen kannst. Wenn sein **Plan** besser als deiner geeignet ist, mit einer Kurve fertig zu werden, und du erkennen kannst, **warum** er besser ist, dann hast du daraus unter Umständen gelernt, wie du deine eigenen Fähigkeiten besser anwenden kannst, um mit irgendwelchen Situationen auf der Strecke fertig zu werden. Der Nutzen, wenn man einem anderen Fahrer folgt – vorausgesetzt es ist einer da – besteht darin, daß du seinen Plan begreifst und fähig bist, daraufhin deine eigene Fahrweise auszubauen. Nicht, daß du die **Linie** lernst; was zählt ist, daß du den **Plan** lernst.

Das Grundziel

Dein Grundziel in jeder Kurve besteht darin, **daß du mit mehr km/h weniger Zeit und angemessener Kontrolle über das Motorrad durch die Kurve kommst.** Du versuchst aus der Kurve mit viel Drive herauszukommen, um in der kürzesten Zeit mit einem Höchstmaß an Geschwindigkeit zur nächsten Kurve oder die anschließende Gerade entlang zu fahren. Natürlich mußt du trotz allem die Kontrolle über das Motorrad behalten. Du gleichst die Faktoren Geschwindigkeit und Zeit so aus, daß du das beste **Produkt** erzielst. Dennoch ist es möglich, daß

Als die Superbike School in Loudon war, forderte ich 24 Fahrer auf, mir auf der Strecke zu folgen, so daß sie meine Linie sehen konnten. Dann folgte ich ihnen, um zu sehen, wie sie es machten. 23 von ihnen machten es falsch, soweit ich sehen konnte.

Das Problem beim Mitfahren als Sozius, wenn jemand anderes das Motorrad fährt, ist für mich, daß die anderen es nie so machen, wie ich es machen würde, und dabei kriege ich Angst.

Wenn mich jemand mitzieht, wechsle ich meine Linie in der Kurve und sehe, ob es hinhaut. Es gibt Filme mit mir, wo ich mit anderen fahre, und ich ziehe ihnen die Kurve fünf Maschinenlängen voraus, und doch fahren sie immer wieder ihren eigenen Streifen. Wenn der Plan des anderen besser ist, dann kannst du ihn immer in deinen eigenen einbauen und den anderen schlagen.

du aus einer Kurve schneller herauskommst als vorher und deine Rundenzeit trotzdem nicht schneller wird. Kurven können dich zu derartigen Fehlern verleiten.

Anpassung der Geschwindigkeit in Kurven

Wenn man aus einer Kurve das beste Produkt erzielen will, erfordert das eine entsprechende **Anpassung der Geschwindigkeit:** und zwar gleichst du deine Geschwindigkeit gegen die Zeitmenge aus, die du brauchst, um durchzukommen. Der häufigste Fehler, den Fahrer machen, ist der, daß sie immer schneller und schneller in die Kurven gehen und dann mit derselben Geschwindigkeit oder langsamer herauskommen. **Es ist leichter, schneller in eine Kurve zu gehen als schneller aus ihr herauszukommen. Wenn du zu schnell hineinfährst, kann es dich deinen Drive beim Herauskommen kosten.** Du mußt also in der Lage sein, eine schnellere Einfahrtsgeschwindigkeit bis in den Kurvenausgang durchzuhalten, wenn du deine Rundenzeiten verbessern willst. Wenn du zu schnell in die Kurve gehst, dann in der Mitte drosselst, beeinträchtigt das deine Kurvenausgangsgeschwindigkeit.

Anpassung der Geschwindigkeit in Kurven ist wie deine 10-Mark-Aufmerksamkeit. Stell dir vor, du hast nur soundsoviele Stundenkilometer (km/h) für eine Kurve in irgendeiner beliebigen Runde auf irgendeiner beliebigen Linie zur Verfügung. Wenn du zu Beginn der Kurve deine km/h unvernünftig ausgibst, dann stehen sie dir am Ende nicht mehr zur Verfügung. Übermäßige Geschwindigkeit zur falschen Zeit kann dich Zeit kosten. Fahr nicht bei der erstbesten Gelegenheit, die sich bietet, wie ein Irrer. Die höhere Geschwindigkeit, mit der du eine Kurve verläßt, summiert sich zu der Geschwindigkeit, mit der du den ganzen Weg bis zur nächsten fährst. Verbrauch also nicht km/h am Anfang der Kurve. Mit **Geschwindigkeitsanpassung in Kurven** erzielst du dein richtiges **Produkt:** nämlich **mehr km/h, weniger Zeit in der Kurve und trotz allem hast du am Kurvenausgang das Motorrad immer noch unter Kontrolle.**

Das Produkt feststellen

Wie stellst du fest, was das **Produkt** ist? Nehmen wir an, du bist schon ein paar Runden gefahren und hast festgestellt, was für Schikanen der Planer in dieses Stück Asphalt eingebaut hat. Du hast die Radius- und Wölbungswechsel (siehe Kapitel Eins „Die Straße auf der du fährst") studiert. Du mißtraust den Kurven einer Rennstrecke und weißt, sie sollen dich herausfordern und in die Irre führen. Mit diesem Wissen hast du eine gute Vorstellung davon, wie jede Kurve auf dich und dein Motorrad wirkt. Du wirst dir bewußt, worin für **dich** und deine Maschine das **Produkt** besteht, wenn du dieses Wissen und deine Fahrerfahrung anwendest. Damit hast du einen Ausgangspunkt, eine Stelle auf der Strecke, mit der du etwas anfangen kannst, du kannst korrigieren und ändern, Entscheidungen treffen.

Wenn man für eine Kurve ein Produkt im Kopf hat, ist das wie eine Straßenkarte und ein Ziel bei einer Reise. Es würde dir ziemlich schwer fallen, dein Ziel zu erreichen, wenn du nicht wüßtest, wo es liegt.

Du kannst nicht von New York nach Kansas City fahren, wenn du nicht weißt, wo Kansas City ist!

Erst wenn man ein genaues **Produkt** für eine Kurve erzielt hat, kann man entscheiden, wie man dieses Produkt verbessern kann. **Wenn man kein Produkt hat, ist es so, als habe man kein Ziel.** *Stimmst du zu?*

Wenn einem der Endpunkt (Produkt) wohlbewußt ist, schafft das selbst in langgezogenen Kurven Vertrauen.

Vom Ende zurück zum Anfang

Du mußt dich vom Ende zum Anfang der Kurve zurückarbeiten, wenn du dein **Produkt** festlegst. Entscheide vorher, bevor du in die Kurve gehst, wo du sie verlassen willst. Du mußt das **Produkt** der Kurve vor deinem geistigen Auge „sehen" können, wenn du hineingehst. Das befähigt dich, die einzelnen Teile der Kurve auf das **Produkt** hin arbeiten zu lassen. Dieser **Überblick** erlaubt dir eine Vorstellung von jedem Schritt, der nötig ist, um das **Produkt** oder Ziel zu erreichen.

Du bist hoffnungslos verloren, wenn du weiterhin eine Kurve von ihrem Beginn zu ihrem Ende hin „siehst", anstatt von ihrem Ende zurück an ihren Anfang verfolgst.

Wenn du erst einmal weißt, wohin du fährst, kannst du deine Aufmerksamkeit zweckmäßiger auf Probleme verwenden, die in der Kurve auftreten können, zum Beispiel wegschmierende Reifen und Überholen. Du hast genug Kleingeld übrig, um damit fertig werden zu können. Ohne **Produkt** und Ziel wirst du immer zu viel Aufmerksamkeit darauf verwenden, was am Ende der Kurve passieren wird. Wenn du dein **Produkt** im Kopf behältst, dann hilft dir das, mit der Ungewißheit fertig zu werden.

Hast du erst einmal ein Produkt, ganz gleich, ob es nun vollkommen ist oder nicht, dann kannst du es als Maßstab verwenden, an dem du deinen Fortschritt ablesen kannst. Alle wie auch immer gearteten Änderungen, die du in der Kurve machst, werden das **Produkt** irgendwie verändern. Wenn du in der Kurve deine Geschwindigkeit erhöhst, wird das

Vom Ende zurück zum Anfang.

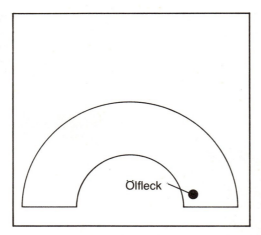

Das Produkt liegt da, wo du mit der Kurve fertig bist. Es ist eine Stelle, die du kennst.

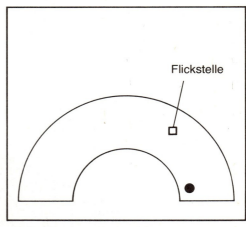

Ein Zwischenprodukt informiert dich darüber, daß du dich auf der richtigen Spur zu deinem Produkt befindest. Du siehst es.

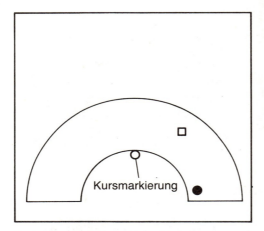

Du lokalisierst ein weiteres Zwischenprodukt oder einen Orientierungspunkt, der dich durch die Kurve leitet.

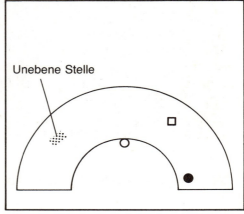

Jeder neue Orientierungspunkt bringt dich zu einem weiteren, von dem du weißt, daß er da sein wird.

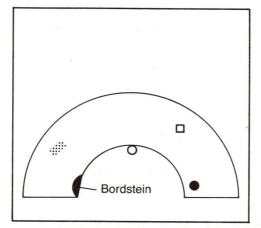

Du baust Vertrauen auf, indem du weißt, wo du auf der Strecke anhand der Orientierungspunkte bist.

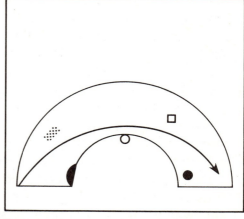

Du lernst die Kurve „sehen", bevor du auch nur in sie hineinfährst.

das **Produkt** ein bißchen verändern, vielleicht sogar stark, wenn du Anfänger bist. Ein erfahrener Fahrer kann unter Umständen etwas ändern und er erhält sein **Produkt** gegenüber früher einen knappen Meter eher, und er ist $1^1/_2$ km/h schneller. Ein **Anfängerprodukt** kann sich unter Umständen um 3 m verändern und nach einem eintägigen Kurs auf der Strecke so aussehen, daß er einen größeren Gang nimmt und 8 km/h schneller ist. Ein **Produkt** gibt dir etwas, auf das du hinarbeiten kannst, etwas, was du ändern kannst. Wenn du die Kurve verpatzt, kannst du immer auf ein weniger aggressives oder ein langsameres **Produkt** zurückgehen und so gut genug durchkommen.

Ich gehe auf die Strecke und mach mir meinen Plan, und häufig ist der erste auch der beste. Wenn nicht, ändere ich ihn, möglicherweise jede Runde.

Lokalisiere das Produkt

Wo und wie du in eine Kurve gehst, hängt völlig davon ab, was das Produkt ist und wo es liegt. Nur selten wirst du in eine Kurve so gehen, wie sie bei der Anfahrt zunächst aussieht, und dann am Ende auch gut herauskommen. Anfänger und unerfahrene Fahrer gehen gewöhnlich zu früh in die Kurve, weil sie kein **Produkt** im Kopf haben. Selbst bei Profis läßt sich das feststellen. Das öffnet vielen Fehlern und der Ungewißheit Tür und Tor.

Ein Produkt wird schrittweise erzielt, und zwar Schritt für Schritt: Diese Entwicklungsstufen sind durch **Zwischenprodukte** gekennzeichnet. **Zwischenprodukte** lassen sich auch auf der Strecke lokalisieren, ebenso wie andere Faktoren, die einem Gesamt**produkt** gleichen. Schräglage, Geschwindigkeit, Körperhaltung, Kontrolle der Maschine, Lenken und anderes mehr sind die **Zwischenprodukte,** die du als Indikatoren ansehen kannst, wie du Fortschritte in Richtung auf dein **Produkt** machst.

Mittelschnelle und langsamere Kurven haben mehr **Zwischenprodukte** als schnellere. In schnelleren Kurven hast du keine Zeit, viel am Fahrverlauf zu ändern, und wenn, mußt du das so einfach wie möglich machen, damit dir genügend Zeit bleibt, alles richtig zu machen. Gewöhnlich haben schnelle Kurven keine mehrfachen Wölbungs- oder Höhenunterschiede, denn dann wären es keine schnellen Kurven. Langsame und mittlere Kurven haben oft diese Unterschiede und erfordern oft plötzliche, starke Lenkbewegungen. Wenn du das gewünschte **Produkt** erzielen willst, mußt du diese Änderungen an präzisen Stellen der Strecke vornehmen. Das sind Zwischen**produkte, Stellen, die eine Änderung erfordern, damit du in dieser Kurve dein Produkt erhältst.** Gangwechsel, Lenken, Gas geben und Bremsen, Änderungen der Körperhaltung und die Punkte, an denen du nach Streckenmarkierungen Ausschau hältst, sind alles **Zwischenprodukte.** *Irgendwelche Beispiele?*

Einfahrtspunkt

Genau wie das **Endprodukt** einen genauen Platz auf der Strecke hat, so hat das auch der Anfangspunkt, die Stelle, an der man die hauptsächliche Lenkbewegung für die Kurve vornimmt. Das ist ein **Zwischenprodukt.** In überhöhten Kurven sollte der Punkt, an dem du in die Kurve gehst, immer so angelegt sein, daß du die Überhöhung zum größtmöglichen Vorteil für das Rausfahren aus der Kurve ausnutzt. Was mit dir und deinem Motorrad passiert, wenn sich die Überhöhung abflacht, ist immer ein **Zwischenprodukt,** eine Änderung. Lokalisiere sehr genau den Punkt, an dem du die hauptsächliche Lenkbewegung vornimmst, wenn du in die Kurve gehst, damit du etwas zum Anpassen hast, einen Ausgangspunkt für dein Denken. Das Schwergewicht liegt darauf, daß du die Überhöhung zu deinem Vorteil ausnutzt. Du kannst es dir als ein Von-Punkt-zu-Punkt-Fahren vorstellen.

Wenn du zu früh in die Kurve gehst, bist du den größeren Teil der Kurve zu Höchstgeschwindigkeit und zu größter Schräglage gezwungen. Das läßt dir weniger Möglichkeiten für Korrekturen und du hast das Gefühl, daß du auf deiner Linie keine Änderungen vornehmen kannst oder solltest. Überholen, Unebenheiten im Straßenbelag, Lenken, Gas- und Gangwechsel, all das kann zum Problem und immer schwieriger werden, wenn man es gut machen will. Wenn du zu früh in Kurven gehst, ist das ein <u>Hinweis für dich</u>, daß du dein **Produkt** nicht gut definiert hast, daß du dir ein bißchen verloren vorkommst. **Wenn du nicht weißt, an welcher Stelle du in die Kurve gehen sollst, dann läßt du dich dazu verleiten, zu früh hineinzugehen.** Der Streckenplaner verführt dich dazu, die Kurve danach zu fahren, wie sie zu Anfang aussieht, und nicht danach, wie sie sich am Ende darstellen wird. Wenn du dir das **Produkt** und das **Zwischenprodukt** erarbeitest, hast du damit einen Lageplan für die Kurve.

Schneller ist tiefer hineingehen

Man kann die Sache auch anders sehen: wenn du deine hauptsächliche Lenkänderung genau an dem Punkt vornimmst, an dem du in die Kurve gehst, und folglich dahinter deine Geschwindigkeit erhöhst, dann wirst du weit über den Punkt hinauskommen, bis zu dem du bei der letzten Runde gekommen bist, und zwar aufgrund der größeren Zentrifugalkraft. Wenn du am Kurvenausgang ein bißchen zu weit nach außen kommst, dann meinst du, du bist zu schnell gefahren. Dagegen läßt sich etwas machen: du mußt tiefer hineingehen, <u>bevor</u> du die Lenkänderung vornimmst. **Je schneller du durch eine Kurve fahren willst, desto tiefer mußt du hineingehen, wenn du deine Geschwindigkeit am Kurvenausgang erhöhen willst.** *Was ändert sich, wenn du das machst?*

Wenn du tiefer und schneller hineinfährst, muß die Lenkänderung abrupter vorgenommen werden, und das Motorrad läßt sich nicht so leicht wie zuvor herumlegen. Der Trick besteht darin, daß man, wenn man tiefer hineinfährt, genau an dem Punkt, wo man die Lenkänderung vornimmt, ein bißchen langsamer fährt. Wie schon Kenny Roberts gesagt hat: „Lern langsam fahren, um schnell zu fahren." Wenn du es richtig machst, kannst du von diesem Punkt an schneller durch die Kurve fahren. Das Motorrad ist senkrechter, ist weniger zu maximaler Schräglage und ebensolcher Geschwindigkeit gezwungen, so daß du deine Geschwindigkeit anpassen und leichter ein **Produkt** aufbauen kannst. Wichtig ist, daß du weißt, **wo** du in die Kurve gegangen bist, so daß du noch etwas ändern und anpassen kannst. Das ist ein **Zwischenprodukt,** und ein wichtiges dazu.

Rennfahrermärchen

Ein weiterer wichtiger Punkt ist die falsche Vorstellung, daß du am Kurvenausgang die ganze Bahn ausnutzen mußt, ob das nun nötig ist oder nicht. Das kommt vielleicht noch von der alten Kurventheorie, die besagt, daß du in eine Kurve weit außen hineingehst und sie so weit außen wie möglich auch wieder verläßt. Wo auch immer es herstammen mag, es stimmt nicht nur nicht immer, sondern es kann dich auch daran hindern, schneller durch die Kurven zu fahren.

Wie? **Wenn du das Motorrad am Kurvenausgang weit nach außen driften läßt, nur weil Platz ist, dann kann dir das den falschen Eindruck vermitteln, du fährst so schnell, wie du kannst.** Du kannst dir da selbst etwas vormachen, indem du glaubst, es geht nicht schneller. Wenn du dir die Kurven berechnest und das **Produkt** „eingibst", dann verwendest du die Information, die du bei der letzten Runde gespeichert hast, um zu entscheiden, ob irgendwelche Änderungen gemacht werden können. **Wenn deine Information besagt, daß du das letzte Mal ganz bis zum Rand der Bahn gefahren bist, dann wird es schwierig zu entscheiden, diesmal schneller zu fahren.** Du weißt, daß das Motorrad weiter nach außen getragen wird und du von der Strecke abkommst, wenn du schneller fährst. Dein **Produkt** wird sich ändern. Du wirst nicht das rechte Vertrauen haben, daß es möglich ist. *Klappt das bei dir?*

Bleib auf jener Linie

Das Mittel gegen diesen verbreiteten Irrtum besteht darin, **das Motorrad so dicht wie möglich an der Innenseite des Kurvenausgangs zu halten, damit du eine genaue Vorstellung davon bekommst, wohin dich diese Geschwindigkeit auf der Bahn trägt.** Wohin das **Produkt** dieser Geschwindigkeit dich bringt. Wenn du deine Linie bis ans Ende der Kurve hältst, und es sind noch immer rund 2,5 m Strecke übrig, dann kannst du mit Sicherheit annehmen, daß du schneller fahren kannst. Wenn du beim nächsten Mal alles beim Hineinfahren in die Kurve so beläßt und dieselbe Linie hältst, aber die Geschwindigkeit erhöhst, und du hast noch immer 1,5 m Strecke übrig, dann kannst du eben noch schneller fahren. Es kommt nur darauf an, daß du dich nicht selbst betrügst, indem du die ganze Breite der Strecke benutzt, wenn es gar nicht nötig ist.

Wenn du die meisten Kurvenausgänge auf diese Weise angehst, kannst du damit anfangen, ein sehr genaues **Produkt** und gute **Zwischenprodukte** zu erzielen. Du legst dir die Kurve so zurecht, daß sie zu deiner Fahrweise und deinem Gerät paßt, bestimmst ein **Produkt,** nimmst dann Anpassungen vor, um es verbessern zu können. Dann läßt du dich nicht von der Strecke „überreden", sinnlose Änderungen vorzunehmen, nur weil dazu Gelegenheit ist.

Ein gutes Beispiel dafür, wie man in einen Kurveneingang wie von einem Staubsauger „hineingezogen" werden kann, ist die berüchtigte Hundekurve. Du fährst schnell hinein, weil es geht, dann mußt du an der Stelle, wo es enger wird, „zaubern". Wenn du deine Geschwindigkeit beim Hineinfahren niedrig hältst, kann das dir die genaue Information vermitteln, die du brauchst, um schneller zu fahren – wenn es möglich ist. Dann machst du es mit Überlegung und läßt dich nicht zu einem Fehler verleiten. *Wo wirst du das einmal ausprobieren?*

Deine Resultate

Die **Produkte** und **Zwischenprodukte** geben dir ein Ziel und markieren genau die Stellen, wo du auf der Straße etwas ändern kannst. So teilst du den Vorgang in kleinere Teile auf, die du verstehen und ändern kannst. Dein Vertrauen und dein Fahrfluß nehmen zu, wenn du weißt, wohin du fährst und was dann zu machen ist. Als Fahrer wird von dir vor allem verlangt, daß du beobachtest, wo deine **Produkte** und **Zwischenprodukte** sind, was du an diesen Punkten zu tun hast und sie dir zu merken, damit du von ihnen Gebrauch machen kannst.

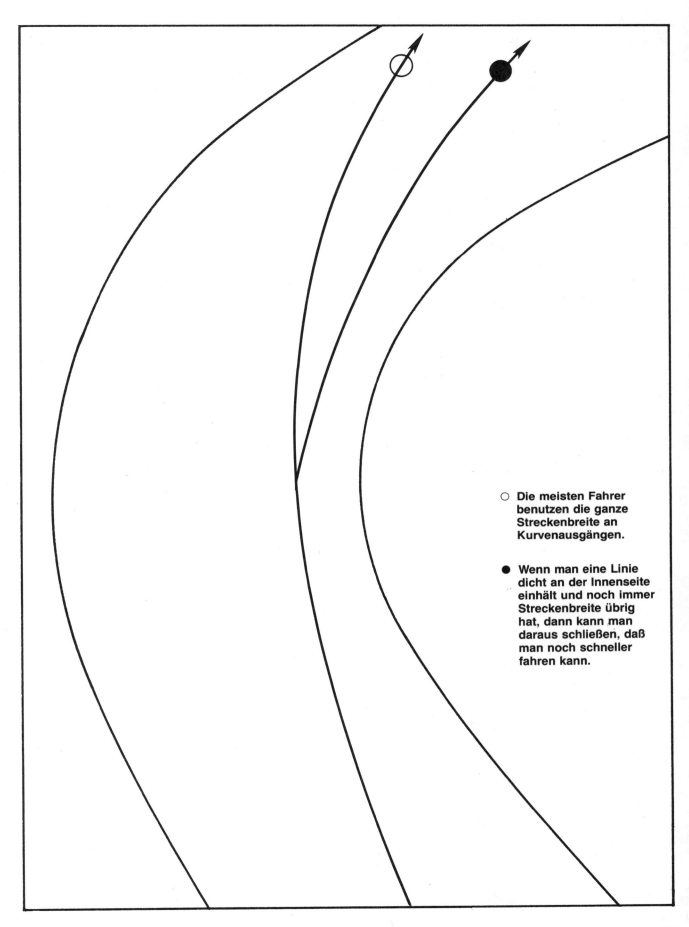

○ Die meisten Fahrer benutzen die ganze Streckenbreite an Kurvenausgängen.

● Wenn man eine Linie dicht an der Innenseite einhält und noch immer Streckenbreite übrig hat, dann kann man daraus schließen, daß man noch schneller fahren kann.

KAPITEL VIER

Was du siehst
Wie du deinen Computer über die Augen programmierst

Was du durch dein Visier siehst, hat sehr viel damit zu tun, wie gut du fährst. Du kannst die Anzahl von Gegenständen, die an jeder Stelle der Strecke vorhanden sind, nicht zählen, so wie du auch nicht zählen kannst, was du siehst, wenn du nur auf deinen Handrücken schaust. Je mehr du hinguckst, desto mehr siehst du. Das gilt auch für die Rennstrecke. Du kannst in jeder beliebigen Kurve anhalten und stundenlang Ausschau halten nach dem, was da zu sehen ist. Doch wenn du Rennen fährst oder irgendeine Straße, kannst du nicht anhalten, um dir alles aufmerksam anzusehen.

Wie entscheidest du nun, was du anschaust, was wichtig ist und was nicht? Und wie verwendest du das, was du siehst? Wie kann das, was du siehst, deiner Fahrweise nützlich sein oder sie behindern? Dieses Kapitel handelt davon, wie man richtig hinsieht, um seine Fahrweise zu verbessern.

Wo bist du?

Du hältst nach Punkten auf der Strecke Ausschau, um zu wissen, wo du bist und wohin du fährst. Auf jeder Straße siehst du nach vorn, um Informationen zu bekommen, wo du dich befindest, damit du entscheiden kannst, wie du die Information verwendest. Viele Fahrer haben gesagt: „Du fährst dahin, wohin du schaust." Was sie nicht gesagt haben, ist dies: „Du kannst hinfahren, wohin du nicht schaust, aber mach erst das Gas zu." Darum wollen wir es wiederholen, um dem Fahrer größere Sicherheit zu geben: **Sieh dahin, wohin du fahren willst.**

Orientierungspunkte

Du benutzt **Orientierungspunkte,** damit du weißt, wo du dich auf der Strecke befindest. **Dieser Punkt ist eine Stelle oder ein Gegenstand, deren oder dessen Lokalisierung du schon kennst.** Es handelt sich dabei um etwas, das einen Ort deutlich markiert. Du kannst auf diesen Gegenstand als Informationsquelle Bezug nehmen. Zwei **Orientie-**

rungspunkte bieten ein besseres Bild deiner Lokalisierung. Drei oder mehr geben dir deine genaue Lokalisierung. Beispiel: du suchst dir ein Geschäft auf der Hauptstraße. Du fährst zur Hauptstraße: das ist ein **Orientierungspunkt.** Du findest den richtigen Häuserblock, das ist Nummer zwei. Du untersuchst die Hausnummern danach, in welche Richtung sie laufen, das ist der dritte. Du machst aus, auf welcher Straßenseite sich der Laden befindet, das ist der vierte. Du folgst den Num-

Orientierungspunkte erinnern dich daran, wo du dich befindest, sie sind wichtige Bausteine für deinen Plan.

Orientierungspunkte, ja, vielleicht denkst du nicht über sie nach, aber du mußt sie benutzen. Ich merke mir nur kleine Dinge auf der Strecke, und doch helfen sie mir, ein Gesamtbild daraus zu machen.

mern bis zu dem Geschäft. So kommst du auf fünf und mehr **Orientierungspunkte,** die du benutzen würdest, um eine Adresse zu finden. Auf einer Rennstrecke oder Straße machst du das gleiche. **Wenn du nicht genug Orientierungspunkte hast, um zu wissen, wo du dich befindest, bist du verloren!** *Irgendwelche Beispiele?*

Bei hoher Geschwindigkeit geht alles sehr schnell auf einem Motorrad, und die Situation ändert sich ständig. Es ist sehr wichtig zu wissen, wo du dich auf der Straße befindest, weil es deinen Handlungsablauf bestimmt. **Wenn du nicht weißt, wo du bist, dann weißt du auch nicht, was du zu machen hast.** Deine Lokalisierung auf einer Rennstrecke oder Straße kann in cm oder m abgesteckt werden – nicht in Häuserblocks – und auf der Strecke gibt es keine Straßenschilder. Es liegt also bei dir zu entscheiden, welche **Orientierungspunkte** du benutzt, und was zu tun ist, wenn du sie erreichst. Du mußt entscheiden!

Vertraute OPs erlauben dir, „um" die Kurve zu sehen, dir selbst weit voraus.

Was benutzt man als Orientierungspunkte

Ein OP vermittelt dir eine Information. Er signalisiert dir, wo und wieviel du das, was du machst, ändern mußt.

Dein bester Orientierungspunkt (OP) ist entweder etwas auf der Strecke oder was dicht dabei ist: ein Stück Asphalt, eine aufgemalte Linie, ein Fleck, ein Riß, der Bordstein, etwas, das sich nicht bewegt. Gegenstände, die von der Streckenoberfläche zu weit entfernt sind, lenken deine Aufmerksamkeit ab. Deine OPs müssen leicht zu finden sein, wenn sie etwas nützen sollen. Zuweilen mußt du den Streckenrand benutzen, doch ein Punkt auf der Strecke, der ungefähr 30 cm vom Rand entfernt ist, erweist sich als besser, weil er deine Aufmerksamkeit auf der Strecke läßt. Wenn du mit einem OP bis an die Grenze gehst, der ungefähr 30 cm vom Rand entfernt ist, dann hast du noch immer 30 cm übrig. Wenn du aber bis an den Rand der Strecke gehst, dann gehst du damit bis an die Grenze, und es bleibt dir kein Raum für einen Fehler. Du solltest, wann immer es möglich ist, nicht bis an den Rand der Strecke gehen, es sei denn, du hast dabei ein gutes Gefühl. Die Vorstellung, daß du die ganze Strecke ausnutzen mußt, ist wie die Vorstellung, daß du dich vom Motorrad „herunterhängen lassen" mußt. Das mach nur, wenn es notwendig und bequem zu machen ist.

Die OPs, die du dir aussuchst, sollten sich in deiner Blickrichtung und entlang deiner Fahrstrecke befinden. Such dir nicht etwas als Orientierungspunkt aus, weil es nun einmal da und leicht zu sehen ist. Unter Umständen ist es nicht der richtige OP für dich, weil er zu weit von deiner Linie entfernt liegt oder schlecht mit deiner Geschwindigkeit in Einklang zu bringen ist. Andererseits enge deine Sicht nicht zu sehr ein, sonst ist dein Blickfeld auf der Streckenoberfläche nicht breit genug, um zu erkennen, wo du bist. OPs, die genau auf deiner Fahrlinie liegen, legen deine Lokalisierung entlang der Strecke fest. OPs an der Seite legen deine Lokalisierung in Beziehung zur Breite der Strecke fest. Für einen OP zählt nur: **Nützt er dir?** Er mag liegen, wo er will: Hauptsache er nützt dir.

Wie man einen Orientierungspunkt nutzt

Ein Orientierungspunkt ist nicht nur etwas, das du auf oder nahe der Strecke leicht sehen kannst, **der Orientierungspunkt muß dir etwas sagen, wenn du ihn siehst.** Jedesmal, wenn du an ihm vorbeikommst oder wenn du dich ihm näherst, muß dieser Punkt dir eine Botschaft übermitteln, zum Beispiel: „Hier muß ich anfangen, nach meiner Kurvenmarkierung Ausschau zu halten", oder „Wenn ich hier zu weit nach rechts komme, fahre ich über einen Huckel, etwas weiter links ist aber alles o.k.". Oder: „Hier gehe ich in die Kurve." **Orientierungspunkte erinnern dich daran, wo du dich befindest und was du zu machen hast.** *Kannst du das anwenden?*

Du brauchst wenigstens zwei **Orientierungspunkte,** um dich genau auf der Strecke zurechtzufinden. Du mußt wissen, wo die OPs sind, damit du deine eigene Position zu ihnen in Beziehung setzen kannst. Das mag etwas einfältig klingen, aber wenn du deine Aufmerksamkeit auf einen Gegenstand einengst, dann wird das dein einziger OP, und du wirst das Opfer einer **Zielfixierung.** Du fährst zu deinem OP, weil du sonst nichts anderes zu tun hast. Das passiert in einer Paniksituation, und es kann an jeder beliebigen Stelle einer Rennstrecke eintreten. Du mußt genügend OPs haben, damit keine Zielfixierung auftritt.

Wenn du in einer Kurve oder auf der Rennstrecke genügend OPs hast, dann scheint die Szenerie vor dir sich flüssig zu bewegen wie in einem 70-mm-Breitwandfilm. Wenn es zu wenige sind, dann sieht die Sache aus wie in einem Stummfilm aus der guten alten Zeit, in dem alles flimmert und flackert. Hast du nur einen OP, dann ist das wie bei einer Dia-Show mit nur einem Foto, ein hübsches Bild, aber wie soll es weitergehen?

Zweifellos hast du gehört, daß du auf der Straße nach vorn sehen mußt und nicht dahin, wo du dich gerade befindest. Das ist eine brauchbare Information. Du brauchst jenen zweiten OP, um zu wissen, an welcher Stelle der Strecke du bist. Wenn du zu dicht neben dem Motorrad danach schaust, hilft dir das nicht, ihn zu finden.

Hat man zu wenige OPs, dann kommt es zu Zielfixierung. Ausreichende OPs „öffnen" die Strecke, machen sie breiter, und es kostet dich weniger Aufmerksamkeit.

Schau voraus nach Orientierungspunkten

Bei 100 km/h bewegst du dich 27,8 m/sec, bei 200 km/h 55,6 m/sec. Diese Sekunde ist sehr schnell vorbei, und wenn du nicht zeitlich im voraus für den nächsten Schritt bereit bist, machst du einen Fehler. Wenn du aber im voraus nach deinen **Orientierungspunkten** und **Zwischenprodukten** Ausschau hältst, gewinnst du dadurch die Zeit, um dich auf den nächsten Schritt vorzubereiten, so daß es keine Überraschungen gibt und alles reibungslos läuft.

Diese Vorstellung kann aber auch übertrieben werden. Ich habe Fahrer erlebt, die mit ihren Augen schon 50 m weiter waren, während sie durch eine Kurve gingen, die nur 65 km/h verträgt. Sie haben das ignoriert, was sich unmittelbar vor ihnen befunden hat, wie Randsteine und Löcher. Andere Fahrer in derselben Kurve haben nach den Randsteinen und Löchern gesehen, aber erst als sie sich gerade 6 m vor ihnen befunden haben. Beide Extreme bringen nichts. Sie führen zu unsicherem und langsamem Fahren durch die Kurve.

Wohin man sehen muß

Zwei Faktoren können dir helfen bei der Bestimmung, wohin du sehen mußt, wenn du Rennen oder nur so zum Vergnügen fährst.

1. Je weiter du beim Schnellfahren voraus schaust, desto langsamer meinst du zu fahren. Je kürzer du vorausschaust, desto schneller meinst du zu fahren. **Schau weit genug voraus, um zu vermeiden, daß das Panorama immer schneller vorbeifliegt, aber nicht so weit, daß du dein Gefühl dafür verlierst, wo du dich auf der Strecke befindest. Mit OPs hast du etwas, woran sich deine Augen halten können.**
Willst du das versuchen?

2. Wenn du genug OPs hast, hat das die Wirkung, daß die **Strecke offener wird, daß sie breiter erscheint.** Wenn du zu weit vorausschaust oder zu nahe vor das Motorrad, dann scheint die Strecke sich zu verengen. Wenn es dazu kommt, dann ist das das Signal für dich, daß du entweder deine OPs ändern oder mehr von ihnen in dieser Kurve oder auf diesem Streckenabschnitt finden mußt.

Das sind Richtlinien. Paß die OPs an, damit das Panorama sich in der für dich richtigen Geschwindigkeit bewegt und du genug sehen kannst, um die Strecke „weit offen" zu lassen.

Wenn man nur einen OP hat, dann ist das so, wie wenn man nur einen Wagen hat. Wenn er kaputt geht oder nicht anspringt, dann kannst du nicht mit ihm fahren. Wenn du noch einen hast, kannst du den benutzen, der funktioniert. Mit nur einem **Orientierungspunkt** oder Wagen wird die Sache zu wertvoll und zwingend. Wenn es dir so vorkommt, daß deine Aufmerksamkeit auf einen Punkt der Strecke oder Straße fixiert wird, dann weil dir kein anderer zur Verfügung steht. Dieser eine wird **sehr** wertvoll für dich und du überstrapazierst ihn. Du hängst von ihm im Hinblick auf zuviel Information ab und fängst unter Umständen an, ihn anzustarren. Du kommst dir ein bißchen verloren vor, wenn er dir nicht mehr sagt, wo du dich befindest oder was du zu machen hast. Wenn es dir so vorkommt, daß deine Aufmerksamkeit auf den einen OP fixiert wird, dann mußt du in der Umgebung einen anderen finden, damit der „Film" ruhig wird.

Trittsteine

Orientierungspunkte sind deine Trittsteine zu den **Produkten** und **Zwischenprodukten,** die du in einer Kurve oder Kurvenfolge erzielst. Diese kleinen Schritte führen zu den wesentlichen Änderungen im Fahrverhalten, die du vornimmst, um das Motorrad schneller und mit größerem Vertrauen um die Kurven zu bringen. OPs signalisieren die Punkte auf der Strecke, wo du diese Änderungen vornimmst.

Konzentration

Auf der Strecke oder Straße sollte die Konzentration kontinuierlich sein wie eine Kette von Ereignissen, bei der die einzelnen Ereignisse ohne Unterbrechung ineinander übergehen. **Orientierungspunkte** sind Teile dieser Kette, ein Glied hängt im Hinblick auf Stärke und Verbindung vom nächsten ab. Wenn ein Glied bricht, ist die ganze Kette solange unterbrochen, bis sie repariert oder ersetzt werden kann. Wenn du einen Streckenabschnitt ohne OP oder mit zu wenigen hast, zerbricht deine Konzentrationskette. **Orientierungspunkte sind die Bausteine der Konzentration.**

Es ist wichtig, daß man gute OPs aufnimmt, besonders am Kurvenausgang.

Laß uns noch einmal auf den Gedanken an deine Aufmerksamkeit und wieviel du davon hast zurückkommen, deinen Zehn-Mark-Schein. Wenn deine Konzentration gut ist, dann gibst du gerade die richtige Menge für jeden OP aus, so daß du weißt, wo du bist und was du machst. Das erhält einen ständigen Fluß aufrecht. Wenn du irgendwo zu wenig OPs hast, dann gibst du den größten Teil deiner Aufmerksamkeit für den Versuch aus, diese unschöne Situation zu bereinigen. **Die Punkte oder Stellen auf der Strecke, die du nicht kennst oder begreifst, werden den größten Teil deiner Aufmerksamkeit mit Beschlag belegen.** Wenn du genug OPs hast, gibst du gerade die richtige Menge an Zeit und Aufmerksamkeit für jeden einzelnen aus, um die erforderlichen Informationen zu erhalten. Du hast genügend übrig, um noch anderes zu kaufen, um kleine Änderungen an deiner Fahrweise vorzunehmen, was dir helfen wird, ein bißchen schneller zu fahren oder ein bißchen mehr abzuwinkeln. **Alles, was du auf der Strecke machst, kostet etwas Aufmerksamkeit.** Wenn du nicht genug OPs hast, dann fixiert sich deine Aufmerksamkeit ganz auf dieses Teilstück und wird – oder kann – deine Konzentration unterbrechen.

Die sonderbarsten Dinge passieren, wenn deine Konzentration unterbrochen ist. Ein Fahrer hat mir erzählt, daß jedesmal, wenn seine Konzentration unterbrochen wird, er an seinen tropfenden Wasserhahn zu Hause denken muß. Deine Gedanken schweifen vielleicht nicht zu einem tropfenden Wasserhahn ab, doch du wirst bemerken, daß dir andere Dinge in den Kopf kommen, wenn deine Konzentration unterbrochen wird. *Ist es nicht so?*

Konzentration – der Dreh

Die Sache mit der Konzentration hat einen Dreh. Wenn du ihn raus hast, dann kommt es dir gar nicht so vor, als ob du nach irgend etwas im besonderen suchtest. Die **Bezugspunkte** verschmelzen einfach mit dem Panorama vor dir. Als ich die zwei oder drei Spitzenfahrer der Welt gefragt habe: „Worauf seht ihr in Kurven", haben sie geantwortet: „Ich seh eigentlich auf gar nichts." Aber meinen sie das auch wirklich?

Wenn deine Konzentration gut ist, dann legst du nur Pfennige und Groschen für deine OPs an, und keiner fesselt deine Aufmerksamkeit. Ein Beispiel dafür ist die Tatsache, daß der Hauptunterschied zwischen Fahrern in ihrer Fähigkeit liegt, Strecken auswendig zu lernen. Eine Strecke auswendig zu lernen bedeutet: **Wissen, wo du dich auf der Strecke befindest.**

Einige Fahrer können es nach fünf Runden, andere nicht nach 500. Jeder muß aber anhand von **Orientierungspunkten** lernen, wo er sich befindet. Spitzenfahrer lernen das so schnell, daß sie dich schon in der zweiten Runde schlagen, wenn du sie auf deine bevorzugte Strecke mitnimmst. Einer der Faktoren, der Spitzenfahrer vom Rest des Feldes abhebt, liegt in ihrer Fähigkeit, sich OPs schnell und auf den Punkt genau einprägen zu können, so daß sie das „ganze Geschehen" sehen, ohne die einzelnen OPs aufnehmen zu müssen.

Genügend Orientierungspunkte

Wenn du erst einmal genügend OPs hast, kannst du das „ganze Geschehen" bequem sehen, ohne auf jeden einzelnen OP starren zu müssen. Das ist dein Ziel, und die einzelnen Bausteine dieses Geschehens sind OPs. Wenn sich deine Konzentration verliert, dann mußt du zurückgehen und dich an OPs halten, die dir vertraut sind, oder sie neu lokalisieren.

Und so stellst du deine Konzentration so schnell wie möglich wieder her: **Geh zurück zu den Orientierungspunkten, die du kennst, und nimm den Konzentrationsfaden wieder auf.** Wenn du auf einem Teil der Strecke keine OPs hast, kostet es dich Zeit, weil du zögerst und das Gas zurücknimmst.

Ich fahre gern neue Strecken, das bringt Spaß. Als ich im ersten Jahr Rennen gefahren bin, sind wir immer zu den Strecken gefahren, auf denen alle gefahren sind, und ich bin ganz gut gefahren. Aber auf neuen Strecken bin ich immer erster oder zweiter geworden.

Nimm eine Stoppuhr oder Wanduhr mit Sekundenzeiger und versuch das überraschende Experiment. Mach das Ganze noch einmal, nachdem du die Strecke gefahren bist und dabei auf OPs geachtet hast.

Lies den übernächsten Absatz nicht, bevor du das folgende Experiment ausgeführt hast.

1. Nimm eine Stoppuhr.
2. Setz dich in einen bequemen Stuhl.
3. Schließ nun deine Augen und stell dir eine Rennstrecke vor, mit der du vertraut bist. Laß die Uhr laufen und fahr eine komplette Runde auf der Strecke aus dem Gedächtnis. Versuch, genau so schnell wie das letzte Mal zu sein, als du da gefahren bist. Damit mißt du die Zeit, die du im Geist für die Strecke brauchst, und wie du gefahren bist.
4. Schließ wieder deine Augen und versuch es noch einmal.

Eine Runde aus dem Gedächtnis

Wenn du wie die meisten Fahrer bist, wird deine „Rundenzeit" aus dem Gedächtnis entweder viel zu lang oder viel zu kurz sein. Wenn du gerade den absoluten Rundenrekord um 20 oder 30 Sekunden verbessert hast oder wenn du zu deiner tatsächlichen Rundenzeit 20 oder 30 Sekunden hinzufügen mußtest, dann bedeutet das dasselbe: nicht genügend **Orientierungspunkte.** Der „Film" des langsamen Rundenfahrers ist unvollständig, und so ertappt er sich dabei, wie er auf Stellen stiert, an denen er gar keine OPs hat. Seine Aufmerksamkeit ist auf Teile der Strecke gerichtet, die er nicht kennt.

In der Situation, als die Runde viel zu schnell war, hat der Fahrer auch nicht genug OPs, so daß er sehr schnell von einem zum anderen flitzen kann, weil er die ja kennt. **Wenn du genügend OPs hast, verleiht dir das ein besseres Zeitgefühl, weil du dann Punkte hast, die deine Bewegung um die Rennstrecke markieren.** Deine Aufmerksamkeit richtet sich dann auf die Stellen, die du sehr gut kennst, oder auf eine, die du nicht sehr gut kennst. Oder sie teilt sich zwischen den beiden auf. Das kostet dich viel Aufmerksamkeit, die du für anderes verwenden kannst.

Finde verlorene OPs wieder

Es gibt eine einfache Methode, mit deren Hilfe du herausfinden kannst, wo du nicht genügend OPs hast. Du kannst sie jederzeit anwenden.

1. Schließ deine Augen.
2. Geh aufmerksam durch deinen eigenen „Film" von der Strecke, so als würdest du wirklich fahren.
3. „Fahre" im Geist eine komplette Runde.
4. Mach die Augen wieder auf und zeichne jede Kurve auf ein gesondertes Blatt Papier, markiere die Orientierungspunkte jeder Kurve, die du mit Sicherheit behalten hast.
5. Notier dir, was jeder OP für dich bedeutet, zum Beispiel: „Brennpunkt", „Lenkänderung", „Lokalisierung auf der Strecke", „Huckel", „Kurvenausgangsmarkierung", „Produkt" usw.
6. Schließ wieder die Augen und laß noch einmal deinen „Film" ablaufen, wobei du auf Stellen achtest, an denen du zögerst, Lücken hast, wo die Szene unklar wird oder wo du zu schnell darüber hinweggehst. Jede dieser Situationen zeigt dir, daß du an diesen Stellen zu wenig **Orientierungspunkte** hast.
7. Mach dir jetzt auf deinen Kurvenzeichnungen Notizen an jeder Stelle, an der du eine Gedächtnislücke oder irgendein anderes Problem hast, wie unter 6) beschrieben.
8. Wenn du das nächste Mal die Strecke fährst, finde für diese Stellen mehr OPs.

Du kannst dieses Verfahren benutzen, um deine Schwachstellen herauszufinden – und deine Stärken natürlich auch, da es ja dein Kurvengedächtnis ist, auf das du dich verläßt, wenn du fährst. Auf diese Weise erfährst du, wohin du fährst. Wissen, wohin man fährt, ist Teil des Konzentrationsfadens. *Kann das was werden?*

Und das ist der Dreh

Du mußt zu dem Punkt fahren, an dem du das ganze Geschehen vor dir sehen kannst, ohne daß du viel Aufmerksamkeit auf irgendeinen Punkt richtest. Du baust diese Szene aus einzelnen **Orientierungspunkten** auf. Wenn du deine Konzentration verloren hast, geh zurück zu den dir vertrauten OPs und bau die Szene noch einmal auf.

Der richtige Dreh für Konzentration und Orientierungspunkte

Der Kniff, wie man OPs nutzt und Konzentration gewinnt, besteht darin, daß **du etwas ansehen mußt.** Deine Augen funktionieren folgendermaßen: wenn du sie auf ein beliebiges Objekt oder eine ebene Fläche richtest, dann befindet sich alles auf dieser ebenen Fläche im Brennpunkt wie auf einer Filmleinwand. Unter Umständen schaust du nur auf einen Bereich der Leinwand, aber die gesamte Leinwand ist im Brennpunkt.

Ein anderer Punkt ist der: wenn sich deine Augen bewegen, dann machen sie das in kurzen, verweilenden Bewegungen. Sie fliegen wie ein Schmetterling von einem Gegenstand zum anderen. Wenn du versuchst, deine Augen ohne Haltpunkte über das Geschehen gleiten zu lassen, dann wird dieses Geschehen unklar. Probier's einmal.

Für den Fahrer besteht ein Problem darin, daß er die Strecke vor sich fließend wie ein Gesamtpanorama sehen möchte, um einen ständigen Fluß an Konzentration zu erzielen, aber seine Augen funktionieren nicht auf diese Weise. Wenn er einen **Orientierungspunkt** zu lange anstarrt, dann wird er merken, daß er eine Art Tunnelblick bekommt. Aber aufgrund der Gegebenheit, wie seine Augen funktionieren, muß er irgendeinen beliebigen, aber bestimmten Gegenstand ansehen. Das ist der Dreh.

Viele, die ich auf der Strecke sehe, scheinen alles übrige, was dazugehört zu vergessen. Sie schenken jener einen Linie zuviel Aufmerksamkeit.

Gute OPs verhelfen einem Fahrer zu einem ständigen Fluß an Konzentration. Du benutzt OPs um Aufmerksamkeit zu sparen.

Schau schnell

Wie gelingt es Spitzenfahrern, so schnell zu fahren, ohne dabei Sehschwierigkeiten zu haben? Die folgende Übung wird dir helfen, richtige Sehtechniken zu trainieren.

1. Such dir eine Wand, die du in ihrer Gesamtheit sehen kannst. Wenn du die Augen, aber nicht den Kopf bewegst, kannst du noch alle vier Ecken sehen.

2. Richte deine Augen auf eine Stelle mitten auf der Wand.

3. Sieh mit den Augen weiter auf diese Stelle und richte dann deine Aufmerksamkeit, nicht deine Augen, auf die Ecke der Wand rechts oben.

4. Sieh mit den Augen noch immer auf dieselbe Stelle und richte nun deine Aufmerksamkeit auf verschiedene Punkte der Wand. Du blickst noch immer auf eine Stelle, nimmst aber alle anderen Bereiche der Wand wahr.

5. Sieh mit den Augen noch immer auf diese Stelle und richte nunmehr deine Aufmerksamkeit auf die Gegenstände zwischen dir und der Wand und ebenso an der Wand.

Das gesamte Bild

So sehe ich es meistens: als Gesamtgeschehen. Dann geht alles o.k., alles haut richtig hin.

Du kannst das ganze Geschehen sehen, während du eine Stelle oder einen Punkt ansiehst! Wahrscheinlich hast du bemerkt, daß du während des Experiments die Augen von der Stelle, auf die sie gerichtet waren, zu der Stelle, auf die sich inzwischen deine Aufmerksamkeit gerichtet hatte, fortbewegen wollten. Das Experiment wird durch Übung leichter. Wenn du zu Rennen fährst oder zu Hause im Stuhl sitzt, kannst du trainieren, daß sich deine Aufmerksamkeit herumbewegt, während du auf eine Stelle oder einen Bereich blickst. Das ist eine Fertigkeit, die Zeit braucht, wenn sie sich entwickeln soll, es sei denn, du kannst es schon.

Wenn du das ganze Geschehen auf diese Weise siehst, dann mußt du dir darüber klar sein, daß die einzelnen Punkte dir gut bekannt sein müssen. Du brauchst die **Orientierungspunkte** im Geschehen, um das Geschehen aufzubauen. Wenn du die OPs nicht kennst, dann werden deine Augen nach etwas Vertrautem suchen und der ganze Effekt des Gesamtgeschehens geht verloren.

Bist du in der Lage, die Strecke vor dir als ein einheitliches Geschehen zu sehen, wird das Fahren für dich viel leichter und du erhältst deine Konzentration zurück, sollte sie schwinden. Wie du an der oben erläuterten Übung erkennen kannst, kommt es darauf an, worauf deine Aufmerksamkeit gerichtet ist, wofür du deinen 10-Mark-Schein ausgibst. Das ist also viel wichtiger als das, was du anschaust. Deine Aufmerksamkeit muß wirtschaftlich ausgegeben werden, und wenn du auf das gesamte Geschehen siehst und nicht nur auf einen einzelnen Gegenstand, dann legst du dein Geld vernünftig an, und bekommst sogar noch Zinsen dafür. Du mußt nur üben. *Willst du's versuchen?*

Du fängst an, eine Kurve zu verstehen, wenn du OPs benutzt. Dann werden Einzelheiten einer Kurve deutlicher. Schließlich wird das gesamte Geschehen als ein ständiger Aktionsfluß gesehen. Du wendest wenig auf und bekommst viel raus.

KAPITEL FÜNF

Timing
Wie du die zeitlich richtige Reihenfolge aufstellst

Die ersten paar Trainingsrunden kommen einem schnell vor, eigentlich zu schnell, dann wird es langsamer.

Timing hat wirklich nichts mit deinem Zeitgefühl zu tun. Es hat vielmehr etwas damit zu tun, daß man **das Richtige genau am richtigen Ort auf der Rennstrecke macht.** Alles, was Timing betrifft, besteht darin, daß du **Orientierungspunkte, Produkte** und **Zwischenprodukte** so zusammenfaßt, daß sie auf der Strecke nützlich für dich sind. Wenn du das Richtige an der falschen Stelle der Strecke machst, führt das zu traurigen Resultaten. Wenn man weiß, was man machen muß, aber nicht genau wo, dann kann einen das wirklich aus dem Konzept bringen.

Wie ich Timing gelernt habe

Ich habe das Timing beim Skateboard-Fahren gelernt. Ich versuchte verzweifelt eine „Kick-Kurve", das ist eine 180°-Wende, mit der du in der entgegengesetzten Richtung wieder hinunterfährst, wenn du eine Rampe oder eine Poolwand hinaufgefahren bist. Bei dem Versuch bin ich wenigstens 100 Mal hingefallen. Schließlich fand ich heraus, daß sich das Board nicht umkehren lassen würde, wenn ich nicht eine bestimmte langsame Geschwindigkeit einhielte. Wenn ich es zu schnell – zu früh – versuchte, konnte ich die Kehrtwendung nicht ausführen, wenn zu langsam – zu spät – dann fing das Board an, rückwärts zu gleiten, und zwar gerade genug, um die Kehre buchstäblich unmöglich zu machen. Es gab da also eine sehr schmale Geschwindigkeitsmarge, innerhalb der das Board um sich selbst gedreht werden konnte, wobei die Bewegung aufrecht erhalten werden mußte, so daß ich darauf stehen bleiben und wieder hinunterfahren konnte.

Wie du Bremsen losläßt

Ich habe mich beim Motorradfahren sehr genau beobachtet und beachtete dabei, was ich beim Skateboard-Fahren gelernt hatte. Dabei kam ich hinter ein paar sehr grundlegende Fehler, die ich als Fahrer machte. Viele andere Fahrer haben die gleichen Fehler aus denselben Gründen gemacht.

In Kurven, in denen du die Bremsen benutzt, spielt es eine sehr große Rolle für deinen Fahrfluß, wo genau du sie losläßt und wann du zu lenken beginnst. Zwar könnte ich diesen Wechsel auf viele verschiedene Arten vornehmen, doch einer funktioniert besser als die anderen. Schauen wir uns einmal die verschiedenen Möglichkeiten an:

1. Du kannst aufhören zu bremsen und dich dann in die Kurve legen, wobei du kein Gas gibst.

2. Du kannst mit dem Bremsen aufhören, nachdem du dich in die Kurve gelegt hast, und zwar ohne Gas.

3. Du kannst mit dem Bremsen aufhören, dich in die Kurve legen und Gas geben.

4. Du kannst mit dem Bremsen aufhören und dann leicht das Gas kommen lassen.

5. Du kannst mit dem Bremsen aufhören, nachdem du in die Kurve gehst und Gas geben.

6. Du kannst mit dem Bremsen aufhören, nachdem du in die Kurve gegangen bist und nur leicht das Gas kommen lassen.

Was passiert

In Nummer eins oben ist die Gabel durch das Bremsen voll eingefedert. Wenn du dann die Bremsen losläßt, kommt die Gabel hoch und das Motorrad „richtet" sich auf. Dann legst du das Motorrad in die Kurve, und die Kurvenkräfte drücken dann wieder auf die Gabel. Wenn du sehr hart in die Kurve gehst, drückt sich die Gabel sehr weit durch und kommt dann wieder ein bißchen zurück. Das Motorrad geht rauf und runter, wobei sich Haftung und Lenkkopfwinkel ändern. Das hat Einfluß auf das Lenkverhalten und reduziert die Stabilität des Motorrads.

In Nummer zwei ist die Gabel eingefedert, und wenn du wieder Gas gibst, kommt sie hoch und geht dann wieder aufgrund der Kurvenkräfte runter. Hier haben wir wieder die gleiche Situation, Haftung und Stabilität gehen verloren.

In Nummer drei ist die Gabel vom Bremsen eingefedert, kommt wieder hoch, wenn du die Bremsen freigibst, geht dann aufgrund der Kurvenkräfte wieder runter und kommt dann wieder hoch, wenn du Gas gibst. Bei den anderen Beispielen ist es ähnlich.

Um die Kurve richtig anzugehen, mußt du Bremsen und In-die-Kurve-gehen zeitlich so aufeinander abstimmen, daß das Motorrad ruhig bleibt, also weder rauf noch runter geht, wenn du die Bremsen losläßt. Du mußt die Bremsen in genau dem Augenblick loslassen, wenn die Gabel für die Geschwindigkeits- und Kurvenkräfte, denen sie in der Kurve unterliegt, gerade genügend unter Druck steht. Gib nur so viel Gas, daß die Eintauchtiefe der Gabel sich nicht verändert oder sich zumindest so wenig wie möglich verändert. Dadurch wird es möglich, ohne irgendwelche Auf- und Abbewegungen in die Kurve zu gehen. Wenn dein Timing nicht stimmt, dann beschwerst du dich unter Umständen, daß das Handling deines Motorrades nicht gut ist, und denkst womöglich, die Stoßdämpfer sind kaputt. *Hast du einige Beispiele?*

Das Ziel deines Timing

Dein Ziel oder **Zwischenprodukt** bei jeder Kurve, in der du bremst und in die du dann gehst, ist das richtige **Timing, das Bremsen, Lenken und Gasgeben, so daß Gabel- und Federbeinausdehnung so ausbalanciert wie möglich gehalten werden.**

Schnelle „S-Kurven" und Kurvengeschlängel. Wenn zwei oder mehr Kurven miteinander verbunden sind und nicht weit offen genommen werden können, ist **Timing** sehr wichtig. Bei einer schnellen rechts/links- oder links/rechts-Kombination time dein Lenkwechsel so, daß das Gas gerade vor dem Übergang von einer Seite zur anderen weggenommen wird. Wenn das Gas kurz bevor du den Lenkwechsel vornimmst, weggenommen wird, senkt sich das Vorderteil leicht, und das Lenken wird leichter, was auf dem kleineren Lenkkopfwinkel beruht. Wenn du so den Lenkwechsel vornimmst und die Aufhängung bis zu ihrem Maximalpunkt unter Druck setzt, dann taucht das Motorrad nicht übermäßig aus und ein. Wenn es richtig gemacht wird, dann läßt sich selbst ein Motorrad mit dürftigen Federn gut handhaben. Wenn es aber falsch gemacht wird, dann ist auch bei einem Motorrad mit dem besten Handling der Welt nur schwerlich etwas zu machen.

Zeit, den Hahn zuzumachen

Je schneller du fährst, desto schwieriger wird das Lenken, besonders in Hochgeschwindigkeits-„S-Kurven". Wenn du das Gas wegnimmst, dann lenkst, dann wieder Gas gibst auf halbem Wege zwischen zwei Kurven, dann kommst du damit tatsächlich schneller durch die Kurven, als wenn du „auf Teufel komm raus" durchfährst und dann am Ausgang der beiden Kurven wieder Gas wegnehmen mußt. Das Wegnehmen und Wieder-Gas-Geben sollte nicht länger als eine Sekunde dauern, und das Gas ist nur für einen Bruchteil der Zeit völlig weg, wenn überhaupt. Vermeide aber, das Gas immer wieder auf- und zuzumachen, bevor dein Timing perfekt ist.

Müdigkeit = das Timing geht verloren

Wenn du müde wirst, ist das erste, das verloren geht, dein Timing. Das ist ein weiterer Grund, warum es so wichtig ist, daß du deine **Orientierungspunkte** und **Produkte** gut anlegst. **Zwischenprodukte,** die wichtigsten Stufen oder Änderungen in einer Kurve, sind auch **Punkte für das Timing (POT).**

Nicht alle OPs sind **Punkte für das Timing.** Einige sagen dir nur, wo du bist, signalisieren dir eine bevorstehende Änderung oder einen **POT.** Wenn du weißt, wo sie sind und was da zu tun ist, dann brauchst du nicht so viel langsamer zu werden, wenn du müde wirst. Wahrscheinlich willst du nicht schneller fahren, aber das kann warten, bis du wieder munter bist. *Gilt das auch für dich?*

Timing und die Straße auf der du fährst

Veränderungen der Straße beeinträchtigen das Timing beträchtlich. Nicht nur mußt du die ganzen Hebel korrekt bedienen, du mußt das obendrein noch an Wölbungs- und Radiusveränderungen anpassen. Wenn du zum Beispiel in eine überhöhte Kurve gehst, wo du zuerst bremsen müßtest, dann mußt du wissen, daß die Federung in dieser Kurve einem größeren Druck ausgesetzt ist als in einer ebenen, also nicht überhöhten Kurve. Um richtig hineinzugehen, würdest du die Bremsen loslassen, wenn du in die Überhöhung fährst und auf die Federung die Last der Zentrifugalkraft wirkt. Damit fährst du flüssig ein. **Du gehst wieder von den Bremsen, wenn die Kurve den Druck auf die Federung übernimmt.** Wenn du zu scharf bremst und die Kurvengeschwindigkeit niedrig ist, richtet sich das Motorrad auf, wenn du auf die Überhöhung kommst, das Motorrad federt aus. Wenn du die Bremsen zu früh losläßt und dann auf die Überhöhung kommst, federt die Maschine ein. Der zweite Fall ist das kleinere Übel, weil es eine bessere Haftung gibt. Wenn du es richtig machst, ist es natürlich am allerbesten.

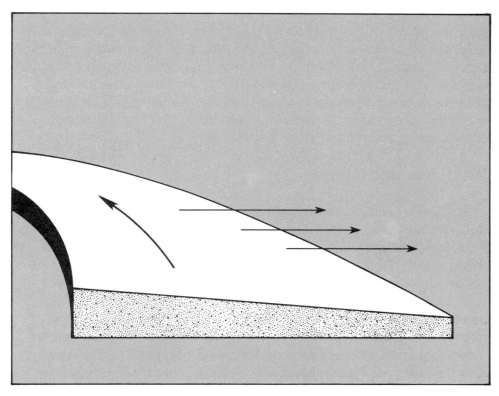

In Kurven mit fallendem Neigungswinkel:
1. Bleib so kurz wie möglich drin.
2. Mach deinen Plan mit Blick auf die Kräfte, die dich zur Kurvenaußenseite ziehen.

Timing in einer Kurve mit fallendem Neigungswinkel

In einer Kurve mit fallendem Neigungswinkel ist es besser, wenn das Motorrad so leicht wie möglich auf den Rädern ist, damit es sich nicht zu sehr zum Kurvenrand hin bewegt. Du mußt Bremsen und Gasgeben so timen, daß du in diesem Kurvenabschnitt die geringste Zeit Gas gibst. Die Haftung verschlechtert sich in Kurvenabschnitten mit fallendem Neigungswinkel viel schneller im Vergleich zu ebenen und überhöhten Abschnitten. Wenn man in einer Kurve mit fallendem Neigungswinkel zu plötzlich das Gas wegnimmt, dann hat das einen ähnlichen Effekt, als wenn man zu schnell aufdreht. Es belastet ein Rad mehr als das andere, in diesem Fall das vordere und kann dazu führen, daß das Vorderrad ausbricht. Der Fahrer wird verblüfft sein, er hat das Gas ja weggenommen und doch hat er sein Gerät weggeschmissen. Gas wegnehmen hilft ihm gewöhnlich in Kurven, in denen er zu schnell ist. Wenn man das Gewicht auf den Rädern gleich hält, indem man das Gas leicht kommen läßt und dabei weder beschleunigt noch verlangsamt, dann verleiht das dem Motorrad die beste Haftung in Kurven mit fallendem Neigungswinkel. In einer solchen Kurve mit fallendem Neigungswinkel lege deine POT so fest, daß das Motorrad so wenig wie möglich beschleunigt oder verlangsamt wird. Das verhindert, daß sich zu viel Gewicht auf das eine oder andere Rad verlagert.

Streckenänderung durch Timing deiner Handlungsweise

Auf einem Streckenabschnitt, auf dem eine Senke die Federung zusammendrückt, ist es zuweilen richtig, daß du zu diesem Zeitpunkt Gas gibst. Die Bodenfreiheit nimmt zu, wenn das Motorrad beschleunigt, weil sich die Federung ausdehnt. Diese Taktik kann unter Umständen das Auf- und Abschaukeln etwas aufhalten, das auf Streckenteilen mit Bodensenken auftritt. **Timing** kann die Streckenverhältnisse zum besseren oder zum schlechteren verändern. Wenn du die POT richtig bestimmst, dann klappt's, wenn nicht, dann klappt's nicht.

Produkte und Timing

Vergiß über all dem nicht, daß dein Ziel noch immer das Gesamt**produkt** der Kurve ist. Du willst noch immer Höchstgeschwindigkeit, genug Fahrt beim Verlassen der Kurve oder du willst für die nächste Kurve richtig liegen. Wenn dir Teile der Kurve gut gelingen, du aber beim Verlassen an Drive verlierst, dann hast du zwar die Schlacht gewonnen, aber den Krieg verloren. Alle OPs und POT/**Unterprodukte** müssen das **Produkt** verbessern oder du bist da ziemlich komisch gefahren, das heißt langsam gefahren. Manchmal ist es besser, man durchfährt einen unebenen Streckenabschnitt wackelnd und ohne richtige Linie direkt, als daß man einen flüssigeren — langsameren — Weg hindurch nimmt. Dein Maßstab dafür, ob du Fortschritte gemacht hast, besteht darin, ob dein **Produkt** besser wird oder nicht.
Punkte für das Timing sind Zwischenprodukte, und hier werden die Änderungen vorgenommen. Jede Stelle, an der du irgend etwas unternimmst, ist ein **Punkt für das Timing,** besonders in einer Kurve. Raufschalten auf einer Geraden zum Beispiel ist ein POT, obwohl er weniger wichtig ist als der Punkt, wo du in einer Kurve lenkst. Wenn du mit deinen POTs und **Produkten** vertraut wirst, dann erlaubt dir das, den Rest der Strecke gemütlich zu fahren, weil du ja nun weißt, wo du hart arbeiten mußt und wo nicht. Wenn du dir diese Tatsachen aufschreibst oder sie dir gut einprägst, dann wirst du so etwas wie: ,,Ich habe Schwierigkeiten in den S-Kurven", nicht sagen. Du wirst sehen, welche POTs funktionieren und welche dein **Produkt** schmeißen. *Was ändert sich, wenn du das befolgst?*

Timing in der Perspektive

Um **Timing** einmal ins Blickfeld zu setzen, sollten wir uns die Kurve sechs vom Riverside Raceway in Kalifornien ansehen. Sie ist ein gutes Beispiel, denn Hunderte von Fahrern lassen sich noch immer von ihr ins Boxhorn jagen, und es ist die komplexeste Kurve, die ich kenne.

Kurve sechs von Riverside

Kurve sechs ist Teil einer Kurvenfolge, die mit Kurve fünf beginnt (siehe nebenstehende Zeichnung). Kurve fünf ist schneller als sechs, und die meisten Fahrer bremsen hier und schalten einen Gang runter, wenn sie in die fünf kommen. Beim Näherkommen sieht sie sehr eng aus, aber wenn die Fahrer herauskommen, finden die meisten, sie wären zu langsam durchgefahren. Für einen Augenblick geben sie Gas, wenn sie zur Kurve sechs den Hügel hinauffahren, wo sie wieder bremsen müssen. Die meisten Fahrer bremsen hier zu viel, stellen dann fest, daß sie ein bißchen zu langsam sind, und geben wieder Gas. Gerade an diesem Punkt scheint es aber, daß sie zu viel Gas gegeben haben, deshalb nehmen sie es wieder weg. Jetzt scheint es wieder zu langsam zu gehen, also geben sie wieder Gas. Jetzt sehen sie den Kurvenausgang, doch das Motorrad schießt zu schnell auf den Außenrand zu in Richtung Sand und Leitplanken. Hier wird also wieder Gas weggenommen. Jetzt ist das Motorrad wieder auf der Geraden und wieder wird Gas gegeben. Das ist wahrlich eine rauhe Art und Weise, durch eine Kurve zu fahren!

Und das ist geschehen: der Fahrer kommt in Kurve sechs und bemerkt zuerst, daß er überbremst hat und nun zu langsam fährt, weil er

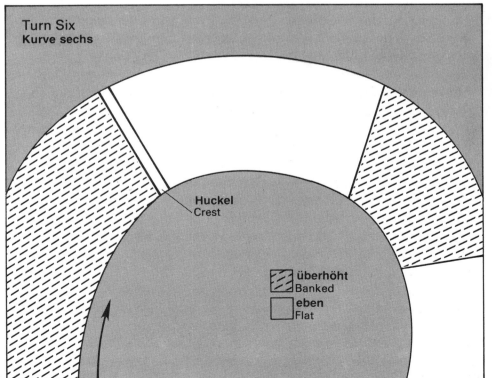

Jede Veränderung auf der Strecke verlangt vom Fahrer, daß er sein Motorrad an genau der richtigen Stelle anpaßt. Wenn er das nicht tut, dann sieht es so aus, als ob sich das Motorrad schwerfällig handhaben läßt.

nicht gesehen hat, daß die Strecke an dieser Stelle überhöht ist. Jetzt hat er den Vorteil der Überhöhung, aber gerade als er Gas geben will, wird die Strecke wieder eben und er verliert die Überhöhung. Erneut gibt er Gas, wo die Strecke wieder überhöht ist, und zwar nach etwa zwei Dritteln des gesamten Weges. Zum letzten Mal nimmt er das Gas weg, wo die Überhöhung am Kurvenausgang wieder fortfällt. Das sind vier Wölbungswechsel in einer Kurve!

Andere Faktoren beinträchtigen diese Kurve. Am Anfang, wo die erste Überhöhung ausläuft, und das Drosseln beginnt, gibt es einen Huckel auf der Strecke. Nicht nur, daß die Überhöhung sich verliert, vielmehr wird das Motorrad auch noch leicht, wenn es über den Huckel fährt. Die Federung wird entlastet, die Haftung verliert sich, und das Motorrad drängt gegen die Mauer – und zwar sehr schnell!

Das Motorrad kommt auf dem überhöhten Teil des Kurvenausgangs wieder zur Ruhe, und der Fahrer hat das Gefühl, er fahre wieder zu langsam. Jetzt kostet es ihn Zeit, bis er bemerkt, daß die Haftung hier besser ist und ebenso Zeit, wieder Gas zu geben. Dann fängt die Überhöhung an, sich zum Ausgang hin zu verlieren, und das Motorrad ist zu schnell. Ein letztes Mal wird Gas weggenommen. Der zusätzliche Trick am letzten Teil der Kurve besteht darin, daß sie sich verengt und ein bißchen abwärts geht.

Diese Kurve weist vier Wölbungs-, zwei Radius-, zwei Höhenunterschiede und einen Höcker mitten im ersten Wölbungswechsel auf! Und was die Sache noch schlimmer macht: der Straßenbelag ist schlecht. Der Streckenplaner muß an dieser Kurve wirklich großen Spaß gehabt haben.

Timing suchen

Gegen Fahrer, die dauernd den Hahn auf- und zumachen, ist wirklich nichts einzuwenden. Das Problem ist nur, daß sie es nicht an der richtigen Stelle auf der Strecke machen. Ihr **Timing** ist grundverkehrt. Das liegt erstens daran, daß sie sich die Strecke nicht angesehen und nicht herausgefunden haben, wo sie sich verändert. Vergiß nicht, daß du diese Veränderungen nicht gut sehen kannst, wenn du fährst. Zweitens sind keine **Punkte für das Timing** festgelegt, die die Veränderungen signalisieren. Die Folge davon ist, daß Bremsen und Gasgeben der Strecke entsprechend an der falschen Stelle erfolgen. Drittens entwerfen sie keinen Plan, mit dem sie die Erhöhung auszunutzen verstehen. Faustregel sollte sein, daß das Motorrad am tiefsten Punkt der Überhöhung sein sollte, wenn es sie verläßt. Viertens ist aus früherer Erfahrung kein Gesamt**produkt** festgelegt worden.

Meine Beschreibung von Fahrern, die durch die Kurve sechs fahren, wirkt wahrscheinlich wie ein schlechtes Drama, aber wenn man sie beobachtet, dann ist es eigentlich noch schlimmer. Ihr besorgter Gesichtsausdruck und ihre steife Haltung sagen alles. Ihre Motorräder benehmen sich wie Springböcke infolge des ständigen Gaswechsels, als wären die Dämpfer kaputt. Wenn du diese Kurve eine Zeitlang so gefahren bist, dann kannst du dir ganz schön blöd vorkommen. Die Folge davon ist, daß viele Fahrer eine konstante Radiuslinie wählen und so tun, als ob das Ganze eine einzige Kurve ohne wirkliche Wölbungs- oder Radiusveränderungen ist.

Fahrer nehmen diese Kurve auf vielerlei Art, aber die schnellsten machen immer dreierlei: 1) Sie nützen die Überhöhung beim Einfahren in die Kurve zu ihrem größten Vorteil aus. 2) Sie lassen das Motorrad driften und versuchen nicht die Mitte der Kurve zu halten, wo sie flach wird. Das ermöglicht ihnen 3) die Überhöhung am Kurvenausgang zu ihrem größten Vorteil auszunützen. Diese Linie könnte im Grunde als eine mit doppeltem Scheitelpunkt bezeichnet werden, was die Kurve ganz gut beschreibt. Vergiß nicht, daß das Timing stimmen muß, damit es funktioniert.

Kurven mit wenigen Veränderungen können ebenso verblüffen, wenn das **Timing** falsch ist. Einige Fahrer können natürlich sehr schnell durch diese Kurve gehen, allerdings mit fieberhafter Konzentration und katzenartigen Reaktionen, aber sie werden dennoch nicht so schnell sein wie einer, der sie richtig begreift. Und Fahren an der Grenze deiner Konzentration oder darüber hinaus, verschleißt dich schneller. *Bist du dir dessen bewußt?*

Messerscharf über die Strecke

Du brauchst nicht überall auf der Strecke rasiermesserscharfe Konzentration. Du hast noch immer diesen Zehn-Mark-Wert an Aufmerksamkeit, die du versuchst wirtschaftlich auszugeben. Wenn du auch weiterhin jederzeit alles ausgibst, dann werden sie bald aufgebraucht sein. Wenn du die ganzen zehn Mark aufwendest, um die Gerade hinunterzufahren, dann ist das Verschwendung. Leg sie dir auf ein Sparkonto, damit du Aufmerksamkeit als Zinsen rausbekommst, und dann heb sie wieder für die nächste Kurve auf.

Deine Aufmerksamkeit und Konzentrationsfähigkeit kommen und gehen, manchmal sind sie besser, manchmal schlechter. **Wenn du deine Aufmerksamkeit nur im Bedarfsfall ausgibst, wird sie noch vorhanden sein, wenn du sie brauchst.** Das gehört auch zum **Timing**, wenn du erkennst, wo du das Richtige zu tun hast und wo du abschalten kannst. Bei Sechsstunden-Langstreckenrennen habe ich viele Fahrer sagen hören, sie hätten ihre Taktik so angelegt, daß sie das ganze Rennen durchstehen würden, indem sie sich zu entspannen versuchten; sie fahren dabei schneller als bei Sprintrennen!*) Sie zwangen sich

---

*) Sprintrennen sind üblicherweise kürzere Rennen, bei denen die Strategie eine andere ist als bei Langstreckenrennen.

dazu, sich auf das Wesentlichste zu konzentrieren. Wenn du diese Haltung bei Sprintrennen anwenden kannst, dann kannst du noch viel konzentrierter sein, wenn es darauf ankommt. Stell dir einfach vor, wo deine POTs sind und was du an jedem einzelnen zu machen hast. Entspanne dich, wenn du die Gerade entlangfährst – es macht Spaß, schnell zu fahren. Setz einen **Orientierungspunkt** fest, der dir sagt, wann du wieder aufmerksam sein mußt. Mach davon zu deinem Vorteil Gebrauch. Du kannst immer einen OP festsetzen, der dir signalisiert, daß ein POT kommt, das wird dir helfen, dich zu entspannen. Sei bereit, wenn du ihn erblickst, nicht vorher.

Sei aufmerksam, wenn es nötig ist, aber spare Aufmerksamkeit, wo du kannst.

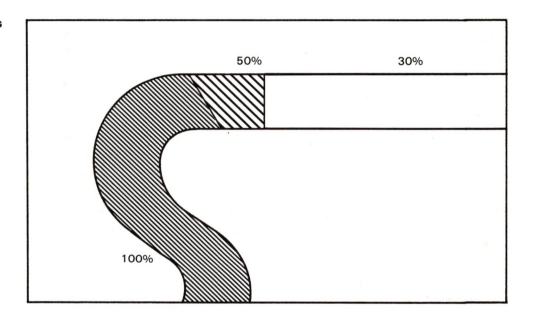

Rhythmus = Timing

Beachte: Einige der Probleme des Timing, die zum In-die-Kurve-Gehen gehören, sind durch die verschiedenen Anti-Dive-Systeme, die man jetzt an Straßenmotorrädern und noch häufiger an GP-Rennmaschinen und Superbikes findet, leichter geworden.

Fahrer sprechen über den Rhythmus einer Renn- oder Wegstrecke vom „in den Fluß der Straße kommen". Das ist **Timing.** Der Fahrer paßt sich und sein Gerät der Strecke und allen Aktionen an, die er ausführen muß. Die Grundlage des **Timing** ist Verstehen – nicht superschnelle Reflexe. **Schnelle Reaktionen sind kein Ersatz für gutes Timing.** Bei den Geschwindigkeiten, die auf einer Straßenrennstrecke erzielt werden, kann man mit guten oder selbst unglaublichen Reaktionen keine Rennen gewinnen. Wenn du die Absicht hast, an Straßenrennen teilzunehmen, weil du über schnelle Reaktionen verfügst, dann rechne dir aus, wie lange du bei einer Geschwindigkeit von 300 km/h zum Schalten brauchst, wenn du 80 m pro Sekunde zurücklegst! Auf der Rennstrecke gibt es keinen Ersatz für Verstehen. Du brauchst **OPs, POTs, Zwischenprodukte und Produkte,** um über die Runden zu kommen. Schnelle Reaktionen sind nützlich, aber das **Timing** ist der Schlüssel, der dir die Geheimnisse der Strecke eröffnet.

Timing beinhaltet sowohl Vorstellung als auch Aktion

Du mußt sowohl die Strecke als auch deine Aktionen begreifen, damit sie nicht gegeneinander stehen. Dazu mußt du wissen, was du machen und wo du es machen mußt. Ich bin sicher, daß du auf deine Fahrpraxis zurückblicken und dich an Situationen erinnern kannst, wo du dich unwohl gefühlt hast, weil dein **Timing** nicht stimmte. Hinfahren und es ausführen ist erst der zweite Teil. Erst muß dein **Timing** stimmen, dann kannst du schneller werden.

Wenn dein Timing richtig ist, kannst du es ruhig angehen. Wenn ich kurz vor dem eigentlichen Rennen etwas ändere, und es funktioniert nicht, dann muß ich die Sache nur mit gutem Timing wieder hinkriegen.

KAPITEL SECHS

Entscheidungen

Entscheidungen treffen: Rezept für Können

Draußen auf der Strecke rede ich immer mit mir selbst. Ich kann mich neben mich stellen und mir zusehen, was ich da mache, und manchmal, wenn das, was ich mache, nicht richtig ist, werde ich richtig wütend auf mich.

Motorradfahren läuft darauf hinaus, daß man eine Kette von **Entscheidungen in Bewegung** umsetzt. Jede Bewegung, die du mit einem Motorrad vornimmst, beruht auf einer **Entscheidung,** die du zuvor oder während des Fahrens getroffen hast. **Du machst nichts automatisch oder ohne eine Entscheidung zu treffen.** Zum Beispiel sagen auch hier wieder einige Fahrer, sie schalten „automatisch", ohne darüber nachzudenken. Das stimmt nicht. Womöglich legen sie nur 5 Pfennig oder einen Groschen ihrer Aufmerksamkeit für diese Entscheidung an, aber sie legen dafür etwas an.

Wenn du die Sache untersuchst, dann wirst du sehen, daß viele kleine **Entscheidungen** zu einem Schaltvorgang beitragen. Du **entscheidest,** wann sich der Motor in der richtigen Drehzahl befindet. Du **entscheidest,** wie schnell du schaltest. Es ist deine **Entscheidung,** ob man an einer Stelle besser schalten kann als an einer anderen und wieviel Gas du wieder geben mußt. Nichts von alledem geschieht „automatisch",

Entscheidungen in Bewegung. Eddie Lawsons makelloser Stil ist das Resultat hunderter richtig getroffener Entscheidungen. Entscheidungen treffen bringt dich unter Kontrolle.

aber wenn du erst einmal eine **Entscheidung** getroffen hast, kostet es dich weniger Aufmerksamkeit, die Sache auszuführen. Das ist das Geheimnis von **Entscheidungen.**

Du mußt eine Entscheidung treffen

Jederzeit handelst du aufgrund von Entscheidungen, ob nun vergangener oder gegenwärtiger. Zum Beispiel kannst du die Kupplung auf mehrfache Weise kommen lassen. Wenn du mit diesen verschiedenen Methoden vertraut bist, mußt du dennoch entscheiden, welche du anwendest. Du mußt dennoch eine **Entscheidung** treffen.

Auf zwei Wegen kannst du zu einer **Entscheidung** gelangen. Der eine besteht darin, daß du an dem Problem arbeitest, bis du es durch Eliminierung völlig eingeengt hast, oder auch „Klug durch Versuch" genannt (KdV). In dem oben genannten Beispiel geht es darum, wie wir lernen, beim Motorrad zu kuppeln. Die zweite Methode, wie man zu einer **Entscheidung** gelangt, besteht darin, daß man die Aufgabe durchdenkt und dann die **Entscheidung** trifft. Wir nennen diese Methode die Durchdenkmethode (DDM).

Entscheidungen sind Einzelheiten deines gesamten „Plans". Wenn du eine Entscheidung triffst, kannst du irgendwo anfangen und etwas ändern oder – wenn es nicht hinhaut – damit wieder aufhören.

KdV

Die erste Methode, „Klug durch Versuch" oder KdV hängt weniger vom Begreifen als vom Training ab. Du denkst das Problem nicht durch, sondern führst die Sache so lange aus, bis es klappt. Wenn du dabei zur richtigen Methode kommst, ist die Sache für dich in Ordnung. Doch der Nachteil, **Entscheidungen** nach der KdV-Methode zu treffen, besteht darin, daß du den ganzen Vorgang wiederholen mußt, wenn du nach einem anderen Weg suchst. Wirklich gute Fahrer, die nach der KdV-Methode gelernt haben, sind so oft die vielen möglichen Methoden, ein Motorrad zu fahren, durchgegangen, daß sie jede beliebige nach Gutdünken anwenden können. Sie haben eine komplette Bibliothek mit KdV-Methoden im Kopf, aus der sie nur das entsprechende „Buch" herauszuziehen brauchen.

DDM

Methode zwei, die **Durchdenkmethode** oder DDM, hat auch Nachteile. **Um zu einer richtigen Entscheidung zu gelangen, mußt du von richtiger Information ausgehen können.** Der Fahrer muß ein guter Beobachter sein, er muß die Information von der letzten Fahrt durchgehen, und es muß eine richtige und nützliche Information sein. Ein wüstes Beispiel wäre die **Entscheidung,** die erste Kurve in Daytona mit Vollgas im 6. Gang zu nehmen. Jemand, der nach der KdV-Methode lernt, würde wahrscheinlich einen solchen Fehler machen. Der „Denker" würde natürlich diesen Fehler nur einmal machen. *Siehst du schon, wie das für dich von Nutzen sein kann?*

Ein Nachteil

Ein großer Nachteil der Durchdenkmethode besteht darin, daß Entscheidungen aufgrund der Erfahrungen anderer getroffen werden. Ein Fahrer rät einem anderen, in einer bestimmten Weise zu fahren. Dann geht dieser auf die Strecke und versucht, seine Fahrweise dem anzupassen, was ihm gesagt worden ist. Wenn die Information richtig ist, kann das klappen. Zum Beispiel sagte mir ein Fahrer, der Grund, warum sich mein linker Arm verkrampfte, bestünde darin, daß ich die Kupplung zum Raufschalten benutze, was nicht nötig sei. Ich benutzte sie also nicht mehr zum Raufschalten, und mein Arm hörte auf, sich zu verkrampfen. Großartig, wie das funktionierte!

Ein anderes Beispiel, ein trauriges diesmal, ist folgendes: ein Fahrer sagte einem anderen, er könnte mit vollem Rohr im 5. Gang über die Kuppe von Kurve sieben in Riverside fahren. Tatsächlich handelt es sich um eine 100-km/h-Kurve. Der Fahrer ging mit mehr als 165 km/h in seiner ersten Runde über die Kuppe ... Muß ich noch sagen, was passierte?

Wie man am besten an die Sache herangeht

Eine Kombination beider Methoden, der Methode „Klug durch Versuch" (KdV) und der Durchdenkmethode (DDM), ist am besten geeignet, sich der Sache zu nähern. KdV ist zeitraubend. Wenn du nicht ein professioneller Werksfahrer bist, wird es für dich womöglich schwierig sein, regelmäßig zu fahren oder zeitweise eine Rennstrecke zu mieten. Du mußt sicher sein, daß sich jeder Weg zur Rennstrecke lohnt, und das bedeutet, daß du von jedem Training mit Informationen zurückkehren mußt, die für die DDM brauchbar sind. Wenn du keine genauen Informationen nach Hause bringst, bringen dir die Runden auf der Rennstrecke nichts weiter ein, als daß sich dein Gerät abnutzt, so daß du kein deutliches Bild von dem hast, was **für Entscheidungen du treffen und was du in Zukunft machen mußt.** *Nützt dir das?*

Das richtige Verhältnis zwischen der „Durchdenkmethode" (DDM) und der Methode „Klug durch Versuch" (KdV) kann viele Fehler ausschalten.

KdV allein

Ein Fahrer, der sich der KdV-Methode allein bedient, kann nicht seine Fahrweise verbessern, wenn er nicht auf der Strecke ist. Er kann nicht neue **Entscheidungen ausarbeiten, wie er schneller fahren könnte, weil er keine Informationen bei sich gespeichert hat. KdV-Fahrer müssen mit einem weiteren Nachteil fertig werden. Das Leben bringt zuweilen Belastungen für uns mit sich, die wir auf die Strecke mitnehmen.** Diese Belastungen können sehr viel Aufmerksamkeit verbrauchen, gewöhnlich mehr als wir erübrigen können. Wenn KdV-Fahrer mit Problemen belastet sind, dann haben sie einen „schlechten" Tag. Manches, was geschieht, kann jemandes ganzes Leben beeinträchtigen, die Fähigkeit, Entscheidungen zu treffen inbegriffen. DDM-Fahrer sind von dem, was abseits der Strecke geschieht, weniger betroffen, weil ihre **Entscheidungen** auf dem beruhen, was sie begreifen.

Wirkliches Fahren

Verlassen wir für eine Weile die Welt der Ideen und kehren zur Realität des Fahrens zurück, um zu sehen, wie die Entscheidungen, die wir treffen, uns auf der Straße oder Strecke beeinträchtigen können. Nimm zum Beispiel das Bremsen. Die Überbeanspruchung der Hinterradbremse ist eine Brems**entscheidung,** die sich gemeinhin als am schlimmsten erweist. Wenn die meisten Fahrer fahren lernen, lernen sie, daß die Hinterradbremse das Motorrad zum Stehen bringen wird. **Sie entscheiden,** daß das so sein wird. Sie wissen, die Vorderradbremse wird das Motorrad auch zum Stehen bringen, aber wenn sie auf einem Parkplatz oder einer Straße lernen, dann ist es schon verwirrend, wenn das Motorrad jedes Mal, wenn sie die Vorderradbremse betätigen, vorn eintaucht. Zu dieser Zeit entscheiden sie gleich von Anfang an, daß die Hinterradbremse besser ist.

Auch wenn einem Fahrer gesagt wird, daß er die Vorderradbremse betätigen soll, wird die Hinterradbremse immer seine erste Wahl bleiben, weil er nun schon einmal die Entscheidung getroffen hat, daß die Hinterradbremse besser ist. Untersuchungen von Motorradunfällen lassen darauf schließen, daß in den meisten Fällen, in denen ein Fahrer versucht, einen Unfall zu vermeiden, er nur die Hinterradbremse benutzt. Womöglich weiß er, daß ihn die Vorderradbremse schneller zum Stehen bringt, aber die ursprüngliche **Entscheidung** ist in einer Notsituation so stark, daß Motorrad und Fahrer zu Boden gehen. **In einer Notsituation macht ein Fahrer das, was nach seiner ursprünglichen Entscheidung funktionieren wird.** In diesem Fall und möglicherweise in vielen anderen war seine Entscheidung für diese Situation falsch. *Leuchtet dir das ein?*

Entscheidungen ändern

Um eine Entscheidung zu ändern, die nicht funktioniert und zu einer schlechten Angewohnheit geworden ist, mußt du zu **der ursprünglichen Entscheidung zurückkehren und sie verlernen.** Vielleicht ist „verlernen" nicht richtig, genau genommen triffst du eine neue Entscheidung, nachdem die alte aussortiert und verworfen worden ist. **Du triffst keine neue Entscheidung aufgrund der alten, sondern du löschst die erste Entscheidung erst aus, bevor du eine andere triffst.**

Indem du dich beim Rennfahren deinen Grenzen näherst, schaffst du beinahe ständig eine Notsituation. In Notsituationen kommst du auch an deine Grenzen. Der Fahrer führt etwas aus, das in der Vergangenheit in ähnlichen Situationen zu funktionieren schien.

Wenn man Ursachen und Wirkungen nicht kennt, führt das zum Gegenteil von **Entscheidungen, das heißt: Unentschiedenheit** oder **Unentschlossenheit.** In einer Notsituation kann **Unentschlossenheit** sehr teuer zu stehen kommen. Wenn du die Grenzen der Vorderradbremse nicht kennst, dann wird es dich viel Aufmerksamkeit kosten, wenn du sie bedienst. Zwar weißt du, daß die Vorderradbremse am besten verzögert und die Maschine am schnellsten zum Stehen bringt (diese **Entscheidung** ist bereits getroffen worden), aber du weißt nicht, an welchem Punkt sie blockiert und du deswegen zu Boden gehst. Das schafft Unentschlossenheit. Wenn ein Fahrer erst einmal gelernt hat, an welchem Punkt die Vorderradbremse blockiert und was man dagegen machen kann, kann er eindeutige **Entscheidungen** treffen, wie er sie benutzen will.

Ein anderes Märchen ist, daß ein Fahrer seine Linien berechnen könnte, indem er den schematischen Verlauf einer Strecke studiert. Es ist aber unmöglich zu **entscheiden,** wie man eine Renn- oder Wegstrecke fahren kann, bevor man sie tatsächlich gesehen hat. Das Studieren einer Streckenkarte ist an diesem Punkt sinnlos. Und wenn du versuchst, mit einem schematischen Bild von der Strecke im Kopf zu fahren, während du noch immer dabei bist, die Strecke kennenzulernen, hält das nur deine Aufmerksamkeit von der tatsächlichen Aufgabe ab. *Stimmst du zu?*

Laß es geschehen

Wenn du etwas zu tun beschließt, ist das der erste Schritt dahin, daß es auch geschieht. Du kannst viele **Entscheidungen** treffen, aber wenn du zu viele triffst, bringt dich das durcheinander. Beginne mit den wichtigen Entscheidungen. Finde Orientierungspunkte, Punkte für das Timing, Unterprodukte und Produkte, und dann entscheide, wie sie mit der Strecke zusammenpassen. Du stellst alles zusammen, indem du **entscheidest,** wie es sein soll, dann machst du es. Natürlich mußt du eine sehr genaue Kenntnis vom Streckenverlauf haben. Dazu gehört, daß du die Wölbungs- und Radiusänderungen kennst. Alle Informationen aus Kapitel eins: ,,Die Straße auf der du fährst", müssen erst gesammelt werden. Schau immer auf die Strecke und vergiß nicht, daß der Planer versucht hat, dich irrezuführen und ungenaue **Entscheidungen** treffen zu lassen.

Entscheide wie

Eine **Entscheidung** darüber zu treffen, wie man eine Strecke fahren soll, allein aufgrund ihres Aussehens, genügt nicht immer, besonders wenn du sie noch nicht gefahren bist. Nachdem ich einmal Sears Point in Kalifornien gefahren bin, bin ich die Strecke abgegangen, um herauszufinden, was ich davon lernen könnte. Ich legte mich auf den Boden und sah mir jede Kurve von ihrem Eingang aus an, dann ging ich sie entlang und schaute sie mir von rückwärts an. Ich stand in der Mitte. Ich kletterte auf die Hänge. Ich sah mir jede Kurve von der Innenseite an. Als ich das machte, berechnete ich die ,,ideale" Linie durch jede Kurve.

Während des Trainings fuhr ich sie so, wie ich entschieden hatte, daß sie gefahren werden müßte. Ich fuhr sie drei Sekunden langsamer als das letzte Mal. Es klappte nicht. Die ,,ideale" Linie läßt Unebenheiten, Sliding und Geschwindigkeit außer acht.

Ich fuhr sie nun wieder so, wie ich mich dazu bei meiner früheren Fahrt **entschieden** hatte. Jetzt waren meine Rundenzeiten zwei Sekunden schneller als je zuvor und folglich fünf Sekunden schneller als meine ,,ideale" Linie. Daraus habe ich gelernt, daß die Kombination der beiden Methoden KdV und DDM der Schlüssel zum Erfolg ist.

Eine geht nicht ohne die andere, wichtig ist jedoch, daß du zuerst **entscheidest,** wie du's machst, und dann entscheidest, warum es klappte oder auch nicht. Das ist nicht nur blindes Experimentieren, sondern eine bestimmte **Entscheidung,** es so zu machen oder anders, ganz gleich welches Gefühl man dabei hat, und dann die Resultate festzustellen, indem man auf die Rundenzeiten schaut. *Sollte man das nicht mal versuchen?*

Rundenzeiten

Rundenzeiten bieten die zuverlässigste Methode zu entscheiden, was funktioniert. Du **entscheidest** ganz einfach, was du machen willst, dann gehst du auf die Strecke und machst es. Das bedeutet **entscheiden,** wo deine **Punkte für das Timing, Produkte** und **Orientierungs-**

punkte liegen und dann **entscheiden,** was du während des Trainings machen willst. Dann schaust du dir deine Rundenzeiten an und **entscheidest,** ob es hingehauen hat oder nicht. Haben die Änderungen deine Rundenzeiten verbessert? Sind die Rundenzeiten gleich geblieben, aber hast du es leichter gefunden, auf diesem Niveau zu fahren? Diese beiden Schlüsse sind wertvoll. **Wenn dich deine Entscheidungen auf ein bestimmtes Fahrniveau gebracht haben und du dich dabei wohl fühlst, dann kannst du daran gehen, ein höheres Niveau zu erreichen.**

Rundenzeiten müssen die Grundlage deiner **Entscheidungen** sein, weil jede andere Methode dich leicht täuschen kann. In den meisten Fällen werden Fahrer das machen, was ihnen ein gutes Gefühl verleiht, aber ein gutes Gefühl ist nicht immer der schnellste Weg um die Rennstrecke oder die Straße entlang. Ich habe noch etwas aus meinem Abenteuer mit der „idealen" Linie in Sears Point gelernt. Du kannst am Eingang und im Mittelstück einer Kurve schneller fahren, aber du verlierst infolgedessen an ihrem Ausgang ein Gutteil an Drive. Wenn du mit einem 2 oder 3 km/h schnelleren **Produkt** aus der Kurve kommst, bedeutet das einen großen Unterschied für die nächste Gerade. Eine gute Geschwindigkeit im Mittelteil der Kurve, aber wenig Drive, verschlechtern Rundenzeiten. So täuscht man sich leicht selbst. Folgende drei Punkte solltest du in Betracht ziehen: **1) Gute Entscheidungen ergeben gute Rundenzeiten. 2) Gute Rundenzeiten sind solche, die sich verbessern und die sich ständig halten lassen. 3) Rundenzeiten spiegeln die Qualität der Entscheidungen des Fahrers wider.**
Irgendwelche Anmerkungen?

Fahr schneller

Die Sache mit den Entscheidungen hat natürlich einen Haken, nämlich wie leistungsfähig eine **Entscheidung** sein kann. Manchmal **entscheidet** sich ein Fahrer einfach dafür, schneller zu fahren. Er wird diese Gesamt**entscheidung** auf sein Fahren anwenden und – peng! – seine Rundenzeiten werden mir nichts dir nichts niedriger! Das kann viele Gründe haben. Wenn du andere Fahrer beobachtest, wie sie schneller fahren, änderst du manchmal deine Meinung, wie schnell du fahren kannst. Du **entscheidest,** daß du es auch kannst. Die **Entscheidung,** einen schnelleren Fahrer zu schlagen, kann müde Rundenzeiten neu beleben.

Doch die **Entscheidung** schneller zu fahren, ohne genügend Erfahrung aus KdV oder der DDM zu ziehen, kann dich in Schwierigkeiten bringen. Oft kannst du nach einem Renntag Fahrer sagen hören, sie könnten an diesen oder jenen Stellen noch Zeit gewinnen: „Ich weiß, ich kann in der und der Kurve viel schneller fahren." Die Möchtegern-Rennfahrer, die nur an den Boxen stehen, stellen Rekordrunden zu Hunderten auf. Daß du deine eigene Leistung übertreffen kannst, gehört zu den großen Vorzügen des Rennfahrens, aber sei vorsichtig. Entscheide dich nur dazu, schneller zu fahren, wenn du über genügend Erfahrung verfügst, die Entscheidung zu stützen. Die bloße **Entscheidung,** in der Praxis bessere Rundenzeiten zu fahren, klappt womöglich nicht, weil du gar nicht weißt, woher du diese Zeit nehmen sollst.

Arbeite Entscheidungen aus, die einer Gesamtentscheidung, schnell zu fahren, den nötigen Halt verleihen. *Kannst du das?*

Wenn ein Baby laufen lernt, dann entscheidet es sich oftmals, nachdem es seine wenigen ersten Schritte gemacht hat, zu rennen. Dieses Rennen dauert gewöhnlich ungefähr drei Schritte lang. Bei einem Fahrer dauert es vielleicht drei Runden. Andere weittragende **Entscheidungen,** die gemeinhin ziemlich dürftig ausfallen, sind diese: „Den bremse ich aus, egal wie", „Ich mache später zu als der". Bei 200 km/h ist das **später** ein ganz schön langes Stück auf der Straße.

Frühere Entscheidungen

Wenn du ein Motorrad fährst, mußt du vorangegangene **Entscheidungen** in Frage stellen können und in der Lage sein, **Entscheidungen** in der Gegenwart zu treffen. **Entscheidungen,** die du triffst, bestimmen, wie gut du fahren wirst. Der Fahrer muß die richtigen Entscheidungen, die er anwendet, um über die Strecke zu kommen, auswählen, sie kennen und notfalls ändern. **Entscheidungen** können so einfach sein wie die, mit der Hinterradbremse weniger zu bremsen, damit das Rad nicht anfängt zu stempeln, wenn man in die Kurve geht, oder die, das Hineingehen in die Kurve so zu timen, daß das Motorrad nicht so stark ein- und ausfedert. **Entscheidungen** können schwerer herbeizuführen und zu korrigieren sein. Wenn man Schwierigkeiten damit hat, daß man zu früh in Kurven geht, ein häufiger Fehler, dann kann das möglicherweise auf der **Entscheidung** beruhen, „nicht weit außen hineinzufahren", und weniger auf der **Entscheidung,** „dicht an der Innenseite hineinzufahren".

Du siehst, das kann sehr vertrackt sein. Ein Fahrer kann viel Zeit damit verbringen, versuchen zu **entscheiden,** wie er in eine Kurve geht – eine andere Fahrweise auszuprobieren. Er stellt fest, daß er immer dicht an der Innenseite in die Kurve hineingeht, und so glaubt er, daß er sich dazu entschieden hat, an der Innenseite zu fahren. Seine wirkliche Entscheidung war aber vor langer Zeit diese: „Ich will nicht zu weit außen hineinfahren, weil das unsicher ist." So entscheidet er sich jetzt entgegen seiner früheren **Entscheidung,** weiter außen hineinzufahren. Bei dem Versuch, die äußere Linie zu benutzen, stößt er auf einen Widerstand, wie eine innere Mauer, der ihm sagt, es nicht zu machen. Seine frühere **Entscheidung** löst in ihm ein sehr ungutes Gefühl aus, wenn er etwas ändert. Eine **Entscheidung** kann sehr mächtig sein, wenn du sie nicht begreifst.

Ab und an entdeckst du womöglich eine deiner früheren Entscheidungen und denkst: „Mensch, kann ich doch! Warum zum Teufel habe ich nur geglaubt, ich könnte das nicht?" Wenn du deine frühere **Entscheidung** revidierst, dann bringt das plötzlich einen großen Durchbruch für deine Fahrweise mit sich. Du mußt erkennen, wenn du eine falsche **Entscheidung** getroffen hast, und dann eine bessere, besser funktionierende an ihre Stelle setzen. *Hast du ein paar Beispiele?*

Entdecke deine Entscheidungen

Entscheidungen, die du beim Fahren triffst, beruhen auf vorangegangenen **Entscheidungen,** ob sie nun erst vor kurzem oder schon vor langer Zeit getroffen worden sind. Und so kannst du **deine Entscheidungen entdecken:**

1. Überdenke deine Aktionen in einer bestimmten Kurven- oder Streckensituation, und zwar abschnittweise nach solchen, die gut laufen, und solchen, bei denen du Schwierigkeiten hast.
2. Werte aus, wie gut deine Aktionen waren.
3. Wie klar sind alle Schritte bei dieser Aktion?
4. Nach welcher Norm beurteilst du, wie gut du das machst und wie gut du fährst?
5. Welche Entscheidungen hast du getroffen, damit du deine Ziele erreichst oder welche Entscheidungen hindern dich daran, sie zu erreichen?
6. Solltest du dich zu folgendem entscheiden:
   A. Die **Entscheidung** revidieren?
   B. Sie nicht revidieren?
   C. Noch einmal zu überprüfen, welche **Entscheidungen** du bereits getroffen hast?
   D. Oder mehr Informationen zu sammeln, bevor eine neue **Entscheidung** getroffen wird?

Bei jedem dieser Punkte, mit denen du es hier von 1 bis 6 zu tun gehabt hast, kannst du auch fragen:

1. Wie ist mein Timing?
2. Welches sind meine **Punkte für das Timing?**
3. Welche **Orientierungspunkte** verwende ich?
4. Welches ist mein **Produkt?**
5. Wieviel **Aufmerksamkeit** wende ich auf?

Das kannst du für jede Kurve der Strecke ausführen. Es kostet dich viel Zeit, und es ist auch nicht so leicht, aber es nützt dir sehr. Außerdem ist es billiger als Reifen und Motoren.

Ein paar Entscheidungen über Bremsen

Das Folgende ist eine nicht vollständige Liste für Entscheidungen, die du über den Gebrauch der Bremsen treffen könntest. Sie sind nicht von gleicher Wichtigkeit, aber jede beinhaltet eine mögliche **Entscheidung.**

Sieh dir jede einzelne an. Zieh jede ernsthaft in Erwägung und wende sie auf eine Situation an, in der du dich schon einmal befunden hast. Oder überflieg sie ganz einfach zur Information und präg sie dir ein.

Wenn du in den langen Wintermonaten Zeit hast, dann kannst du dir sogar eine eigene Liste mit anderen Aspekten des Fahrens anlegen. Nimm einen anderen Aspekt wie Kontrolle über Lenkung und Gas und teile ihn auf nach den Entscheidungen und Aktionen, die diesbezüglich beim Fahren auf dich zukommen.

Hier sind 104 mögliche Entscheidungen, die du treffen mußt oder kannst hinsichtlich des Gebrauchs der Bremsen. Einige sind wichtiger als andere, und einige behandeln dasselbe Thema nur leicht verändert.

Geh sie durch und vergleich sie mit deiner Fahrweise. Möglicherweise denkst du noch an andere Entscheidungen, die sich aufs Bremsen beziehen. Wenn du einfach diese Liste durchgehst und über diese Entscheidungen nachdenkst, kann das dein Bremsen verbessern helfen.

Wie viele Finger soll man für die Handbremse nehmen?
Wieviel Hebeldruck wird benötigt, um die Vorderradbremse zu blockieren?
Wieviel Hebeldruck wird benötigt, um die Hinterradbremse zu blockieren?
Wie stark kannst du die Vorderradbremse ziehen, wenn du in langsame Kurven fährst?
Wie stark kannst du sie ziehen, wenn du in schnelle Kurven fährst?
Wie stark kannst du sie ziehen, wenn du in Kurven mittlerer Geschwindigkeit fährst?
Wie stark kannst du sie ziehen, wenn du in eine Kurvenfolge fährst?
Wie stark kannst du sie in der ersten Kurve einer Folge ziehen?
Wie stark kannst du sie beim Einfahren in die zweite Kurve einer Folge ziehen?
Bremsen auf Gefällstrecken
Bremsen an Steigungen
Bremsen beim Fahren in einen überhöhten Abschnitt
Bremsen beim Fahren in eine flache Kurve
Bremsen beim Fahren in eine Kurve mit fallendem Neigungswinkel
Bremsen beim Fahren in eine Kurve mit sich verkleinerndem Radius
Bremsen beim Fahren in eine Kurve mit sich vergrößerndem Radius
Bremsen beim Fahren in eine Kurve mit konstantem Radius
Bremsen auf glatter Oberfläche
Bremsen auf rissiger oder unebener Oberfläche
Bremsen beim Fahren in Rechtskurven
Bremsen beim Fahren in Linkskurven
Bremsen auf Straßen mit einer Kuppe
Wo du auf der Strecke sein solltest, wenn du mit dem Bremsen beginnst
Wo du während des Bremsens auf der Strecke sein solltest
Wo du auf der Strecke sein solltest, wenn du mit dem Bremsen aufhörst
Einige Beispiele?

Mehr Entscheidungen

Wonach du siehst, um zu wissen, wann du anfangen mußt zu bremsen (in jeder Kurvenart)
Wonach du siehst, um zu wissen, wann du aufhören mußt zu bremsen (in jeder Kurvenart)
(Diese beiden Fragen mußt du für jede Strecke gesondert entscheiden.)
Dein Timing fürs Bremsen beim Einfahren in langsame Kurven
Dein Timing fürs Bremsen beim Einfahren in Kurven mit mittlerer Geschwindigkeit
Dein Timing fürs Bremsen beim Einfahren in schnelle Kurven
Dein Timing fürs Bremsen beim Einfahren in eine Kurvenfolge
Dein Timing fürs Bremsen auf Gefällstrecken

Dein Timing fürs Bremsen an Steigungen
Dein Timing fürs Bremsen auf überhöhter Strecke
Dein Timing fürs Bremsen auf ebener Strecke
Dein Timing fürs Bremsen auf einer Strecke mit fallendem Neigungswinkel
Dein Timing fürs Bremsen in Kurven mit sich verminderndem Radius
Dein Timing fürs Bremsen in Kurven mit sich vergrößerndem Radius
Dein Timing fürs Bremsen in Kurven mit konstantem Radius
Dein Timing fürs Bremsen in Kurven, die du mit gleichbleibender Geschwindigkeit fahren kannst
Dein Timing fürs Bremsen auf glatten Oberflächen
Dein Timing fürs Bremsen auf rissigen und unebenen Oberflächen

Noch mehr Entscheidungen

Welche **Punkte für das Timing** oder **Orientierungspunkte** hast du, um zu wissen, ob du richtig bremst?
Welchen POT oder OP hast du, um zu entscheiden, an welchem Punkt genau du zu bremsen beginnst?
Welchen POT oder OP hast du, um zu entscheiden, an welchem Punkt genau du zu bremsen aufhörst?
Welche Information benutzt du, um zu entscheiden, ob du früh genug angefangen hast zu bremsen?
Welche Information benutzt du, um zu entscheiden, ob du zu spät angefangen hast zu bremsen?
Welche Information benutzt du, um zu entscheiden, ob du rechtzeitig angefangen hast zu bremsen?

Entscheidungen mit Praxis

Bremsen auf verfärbter oder wechselnder Straßenoberfläche
Benutzung der Hinterradbremse in Verbindung mit der vorderen
Benutzung der Hinterradbremse allein
Benutzung der Vorderradbremse allein
Was ist zu tun, wenn das Hinterteil anfängt zu springen oder wegzuschmieren
Wie korrigiert man, wenn das Hinterrad springt oder rutscht
Blockieren der Vorderradbremse
Blockieren der Vorder- und Hinterradbremse gleichzeitig
Informationen anderer hinsichtlich der Benutzung von Bremsen im allgemeinen
Informationen anderer hinsichtlich der Vorderradbremse
Informationen anderer hinsichtlich der Hinterradbremse
Informationen anderer hinsichtlich der gleichzeitigen Benutzung beider Bremsen
Kenntnisse, die du dadurch erlangst, daß du andere beim Bremsen beobachtest
Was macht man zweckmäßigerweise mit den Bremsen
Was vermeidet man zweckmäßigerweise mit den Bremsen
Bremsen, wenn das Motorrad aufrecht ist
Bremsen, wenn das Motorrad abgewinkelt ist

Ein kritischer Augenblick der Entscheidung. Wie stark soll man bremsen, während man in Schräglage ist?

Bremsen nur mit der Vorderradbremse, wenn das Motorrad abgewinkelt ist

Bremsen nur mit der Hinterradbremse, wenn das Motorrad abgewinkelt ist

Wie weit kannst du abwinkeln und trotzdem die Bremsen benutzen?
Bremsen und Lenken gleichzeitig
Wie gut ist dein Bremsen insgesamt?
Wieviel Zeit kann durch Bremsen gewonnen werden?
Wieviel Abstand kannst du einem anderen Fahrer gegenüber durch Benutzen der Bremsen gutmachen?
Deine Sitzhaltung beim Bremsen
Gleichzeitige Benutzung von Gas und Bremse
Wie langsam oder schnell kannst du die Vorderradbremse loslassen?
Wie langsam oder schnell kannst du die Hinterradbremse loslassen?
Wie ist deine Geschwindigkeit am Ende der Bremsaktion zu beurteilen?
In welcher Stellung soll der Handbremshebel angebracht sein?
Wie soll der Fußbremshebel angebracht sein?
Wieviel Bremskraft hat die Vorderradbremse?
Wieviel Bremskraft hat die Hinterradbremse?
Wieviel Bremskraft haben Vorder- und Hinterradbremse zusammen?
Wie weit können die Hebeldrücke beim Bremsen verändert werden?

Mehr Entscheidungen mit Praxis

Wohin du dein Gewicht beim Bremsen verlegst
Du verlegst dein Gewicht beim Bremsen auf den Lenker
Du verlegst dein Gewicht beim Bremsen auf die Fußrasten
Du verlegst dein Gewicht beim Bremsen auf den Tank
Du setzt dich beim Bremsen auf
Raushängen beim Bremsen

Gleichzeitiges Bremsen und Runterschalten
Überholen beim Bremsen
Was passiert mit der Lenkgeometrie beim Bremsen?
Wohin verlagert sich das Gewicht beim Bremsen?
Was passiert mit der Federung beim Bremsen?
Wieviel Aufmerksamkeit gibst du aus, wenn du zu bremsen anfängst?
Wieviel Aufmerksamkeit gibst du aus, während du bremst?
Wieviel Aufmerksamkeit gibst du aus, wenn du zu bremsen aufhörst?
Welches ist der wichtigste Teil beim Bremsen: der Beginn, das eigentliche Bremsen oder das Ende?
Wie stark kannst du die Vorderradbremse ziehen, wenn die Hinterradbremse blockiert ist?
Wie gut ist beim Bremsen dein Gefühl für Haftung?
Wie gut ist beim Bremsen dein Gefühl für Geschwindigkeit?
Wie lange brauchst du fürs Bremsen?
Deine Fähigkeit, dein Bremsen zu verbessern. *Wird dir das helfen?*
PUH!!!

Welche Entscheidungen hast du im Hinblick aufs Rennfahren getroffen?

KAPITEL SIEBEN

Hemmschwellen
Schlüssel zur Vervollkommnung

Eine Hemmschwelle ist alles, was sich als Begrenzung oder Hindernis darstellt. Eine Hemmschwelle hindert, aber sie ist nicht unüberwindlich. Beim Fahren und Rennfahren bist du ständig mit Hemmschwellen konfrontiert, die dich daran hindern, schneller zu fahren. Dein Ziel ist, niedrigere Rundenzeiten zu erzielen, indem du die Strecke mit größerer Geschwindigkeit und kontrollierter befährst. Fahrer erreichen ein Niveau von Rundenzeiten, das als Hemmschwelle wirkt, und sie können sich da sogar festbeißen. Ideal wäre es, wenn du in der Lage bist, jedesmal ein bißchen schneller zu fahren und deine durchschnittliche Rundenzeit zu verbessern, wenn du auf die Strecke gehst. Das wäre ein gutes Ziel, was du dir steckst und eine wirkliche Aufgabe, die du dir stellst.

Zeitbarrieren

Wenn du mit dem Versuch beginnst, schneller zu fahren, wirst du feststellen, daß alles auch sehr viel schneller abläuft. Du hast weniger Zeit zwischen den Kurven, zwischen Orientierungspunkten und weniger Zeit, Entscheidungen zu treffen. Du hast diese Notsituation dadurch geschaffen, daß die Geschwindigkeit höher und die Zeit zum Handeln kürzer geworden ist. Wenn du in der Lage bist, mit dieser Veränderung fertig zu werden, dann werden sich deine Rundenzeiten verbessern. Aber wenn du dich selbst in eine **panische Reaktionszeit** versetzen mußt, dann wirst du nichts aus der höheren Geschwindigkeit lernen, außer wie es ist, wenn man sich in Panik befindet.

Wenn du weniger Zeit für deine Entscheidungen hast, ist das gar nicht so schlecht, denn das ist einer der Indikatoren, daß du deine Geschwindigkeit erhöht hast. Wann immer du eine dieser Zeitbarrieren erreichst, stehst du vor dem nächsten Bereich, den du erobern mußt. Eine Hemmschwelle beim Fahren ist nützlich, weil du dadurch erfährst, daß du neue Entscheidungen schneller treffen mußt. **Das ist automatisch dein Lehrmeister.** Du brauchst keine neue Linie durch die Kurve zu finden, du mußt dir nur ausrechnen, welche Faktoren dich in die Nähe von Panik bringen, und dann kontrollierst du sie. Diese Hemmschwellen sind wie Warnlampen am Armaturenbrett deines Wagens. Wenn du auf jede einzelne, so wie sie aufleuchtet, richtig reagierst, wirst du später eine Katastrophe verhindern. *Wo läßt sich das anwenden?*

Eine Hemmschwelle beim Fahren signalisiert einen Bereich, der verbessert werden muß

Du kannst diese Problemzonen auf mehrere Weisen erkennen. Die erste besteht darin, daß du ein bißchen über deine Möglichkeiten hinaus zu reagieren gedrängt wirst. Du wirst nicht völlig über deine Fähigkeit hinaus gedrängt, aber weit genug, daß sich deine Aufmerksamkeit auf das Problem fixiert. Zum Beispiel: du fährst in eine Kurve, und Bremsen und Runterschalten sind so eng mit dem Lenken verbunden, daß du außerstande bist, einen guten **Punkt für das Timing** zu wählen, mit dem du nicht völlig verzweifelt zu agieren brauchst. Wenn du wie ein Haifisch bei der Fütterung nach den Hebeln grapschst, dann weißt du, daß irgend etwas nicht stimmt.

Streckenabgrenzungen oder Problemzonen sind Bereiche, wo du „weich" fährst. Entweder bist du zu spät oder gerätst in Panik oder wartest darauf, daß etwas geschieht. Was du machst, ist eindeutig unklar.

Bei diesem Beispiel könnten viele Probleme dein Anfahren der Kurve beeinträchtigen. Hier sind einige der Möglichkeiten. Das Fehlen guter **Orientierungspunkte** kann diese Art von Panik verursachen, zu der es kommt, wenn du ein bißchen weggetreten bist. Oder du schaltest einfach zu spät runter und gerätst dadurch zu sehr mit anderen Vorgängen in Konflikt. Vielleicht schaltest du auch einen Gang zuviel runter und hängst mit deiner Aufmerksamkeit an einem Motor, der mit 13 000 U/min dreht, wenn es um die Kurve gehen sollte. Womöglich bremst du so spät, daß du deine Eingangsgeschwindigkeit aus den Augen verlierst, was zu einer Panik-Situation führt. Die Hebel an deinem Motorrad können in einem so ungünstigen Winkel angebracht sein, daß du sie nicht schnell genug erreichen kannst.

Die Anlage der Strecke selbst kann womöglich zu deiner Not beitragen. Unter Umständen kann beispielsweise der Kurveneingang einen fallenden Neigungswinkel haben oder bergab gehen und weniger wirksame Bremsmöglichkeiten bieten als eine ebene Fläche. Vielleicht hast du auch kein **Produkt** für die Kurve und das beunruhigt dich. Du weißt möglicherweise nicht, wohin du fährst. Unter den vielen möglichen Problemen bei der Annäherung an eine Kurve sind das nur einige wenige.

Andere Anhaltspunkte

Abgesehen davon, daß du bezüglich deines Handelns unter Zeitdruck stehst, gibt es andere Anhaltspunkte, die dir sagen, daß du nicht Herr der Lage bist. Ein Gefühl der Unsicherheit ergibt sich, wenn man die Situation nicht ganz begreift. Das kann von einem der oben angeführten Gründe herrühren, aber auch viele andere Ursachen haben. Was immer auch der Grund sein mag, sicher ist, daß die Unsicherheit deine Aufmerksamkeit auffrißt. Aufmerksamkeit, die anderswo zu weit größerem Nutzen eingesetzt werden könnte. Das ist eine weitere **Hemmschwelle.**

Fehler

Ein weiterer Anhaltspunkt dafür, daß nicht alles zum Besten steht, ist, wenn du auf der Strecke Fehler machst. Wenn du einen Fehler machst, mußt du herausfinden, worauf du deine Aufmerksamkeit gerichtet hattest, kurz bevor es dazu gekommen ist. Prüf die Entscheidung, die zu dem Fehler geführt hat. Immer was du zuletzt machst, bringt dich in Schwierigkeiten. Vergiß nicht, **ein Fehler ist das Resultat, nicht die Ursache.** Darum mußt du immer wissen, **was du machst,** und in der Lage sein, dich an alle Details zu erinnern. Fehler selbst sind nicht so überaus wertvoll, vielmehr ist es die Tatsache, daß du dich erinnerst, was du gemacht hast, wie es dazu hat kommen können, und das kann dir helfen, die Fehler zu korrigieren. **Einen Fehler darf man nicht in der Hoffnung, daß er mit der Zeit verschwinden wird, ignorieren; er muß untersucht und analysiert werden.** Er ist eine **Hemmschwelle** für Verbesserung und daher ein Schlüssel zur Verbesserung, wenn man richtig mit ihm umgeht.

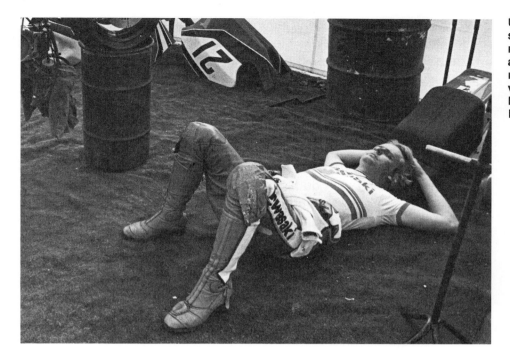

Überdenke deine Entscheidungen. Wayne Rainey, in seinem ersten Jahr als Rennfahrer, geht alles noch einmal durch – kurz vor seinem ersten Sieg im Nationalen Superbike-Rennen in Loudon.

Wenn du das Gefühl hast, du kannst es nicht

Das ist sehr frustrierend für einen Fahrer und schafft ihm Probleme. Dieses Gefühl der Hilflosigkeit ergibt sich oft daraus, daß man die Anlage der Strecke nicht gut genug kennt oder in einigen Situationen daraus, daß man das Motorrad nicht völlig unter Kontrolle hat. Wenn du in einer Kurve das Gegenlenken nicht beherrschst, dann fängst du womöglich an zu glauben, daß das nicht so geht, wie es aussieht. Das schlimmste Problem bei diesem Gefühl besteht darin, daß du womöglich zu der Entscheidung kommst, daß es geht, weil ein anderer es macht, denn dann versuchst du es, bevor du über die dafür notwendige Fertigkeit verfügst. Du erzwingst es mit Gewalt. Dieses gefährliche Verhalten ergibt sich aus der Frustration, und es ist ein weiterer Anhaltspunkt für eine **Hemmschwelle** deines Fahrens.

Es ist nicht unmöglich, seine Hemmschwellen zu überwinden; man muß nur etwas daran arbeiten. Diese Arbeit kannst du auf der Strecke leisten, und zwar zwischen Training oder Rennen. Zuerst zeichnest du dir Skizzen von jeder Kurve, dann gehst du sie durch und markierst die Stellen, wo du Schwierigkeiten hast oder Fehler machst. Schließ die Augen und geh die Kurven im Geiste durch; versuch dabei, die Problemzonen herauszufinden (siehe Kapitel vier: „Was du siehst"). Wenn du die Strecke aus dem Gedächtnis heraus untersuchst, werden einige Teile undeutlich sein, neblig oder ganz einfach nicht vorhanden. Markiere diese Stellen auf deinen schematischen Kurvenzeichnungen. Geh die gesamte Strecke aus dem Gedächtnis durch und markiere alle Stellen, die für dich Hemmschwellen sind, ob sie nun durch Unsicherheit, Zeitmangel, Fehler oder andere Probleme verursacht werden.

Wie Hemmschwellen verändert werden

Wenn du erst einmal deine Hemmschwellen aufgelistet hast, geh sie wieder durch und entscheide, wie du deine Fahrweise verändern kannst, um sie zu überwinden. Vergiß nicht, **die Hemmschwellen werden sich ändern, wenn du schneller fährst.** Hemmschwellen haben einen Haken. Du darfst nicht die Möglichkeit übersehen, daß dieselben Probleme wieder auftreten können, sogar in derselben Kurve, wenn du deine Geschwindigkeit steigerst.

Alles in allem haben **Hemmschwellen** etwas Gutes. Sie geben dir automatisch zu verstehen, wo deine Probleme liegen. Sie sagen dir: „Das ist der Bereich, den du als nächstes angehen mußt, die nächste Ebene für deine Vervollkommnung." Sei froh, wenn etwas nicht richtig klappt. Wenn du erst einmal deine Hemmschwellen erkennst, dann brauchst du nicht herumzurätseln, was deine Rundenzeiten aufhält. Sie weisen dich auf deine Probleme hin. Es ist kostenloser Unterricht. *Wirst du dich daran erinnern?*

Such nach den anderen Anhaltspunkten dafür, daß irgendwelche Hemmschwellen beim Fahren deine Fortschritte beeinträchtigen.
1. Fehler.
2. Gefühl der Hilflosigkeit oder des Unvermögens.
3. Zeitdruck zum Handeln.
4. Untätigkeit und Warten darauf, daß etwas geschieht.
5. Unvermögen, ein klares Bild irgendeiner Kurve oder eines Bereichs von der Strecke zu bekommen.
6. Mit der Aufmerksamkeit an irgendeinem Streckenteil hängenbleiben.

Vergiß nicht, die Strecke ist das, womit du fertig werden mußt. Du schlägst nicht andere Fahrer, du wirst nur mit der Strecke besser fertig als sie.

Teile die Strecke in Abschnitte auf – Kurven od Kurventeile. Gib besonders acht auf die Stellen, an denen du unsicher bi

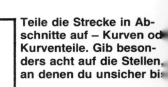

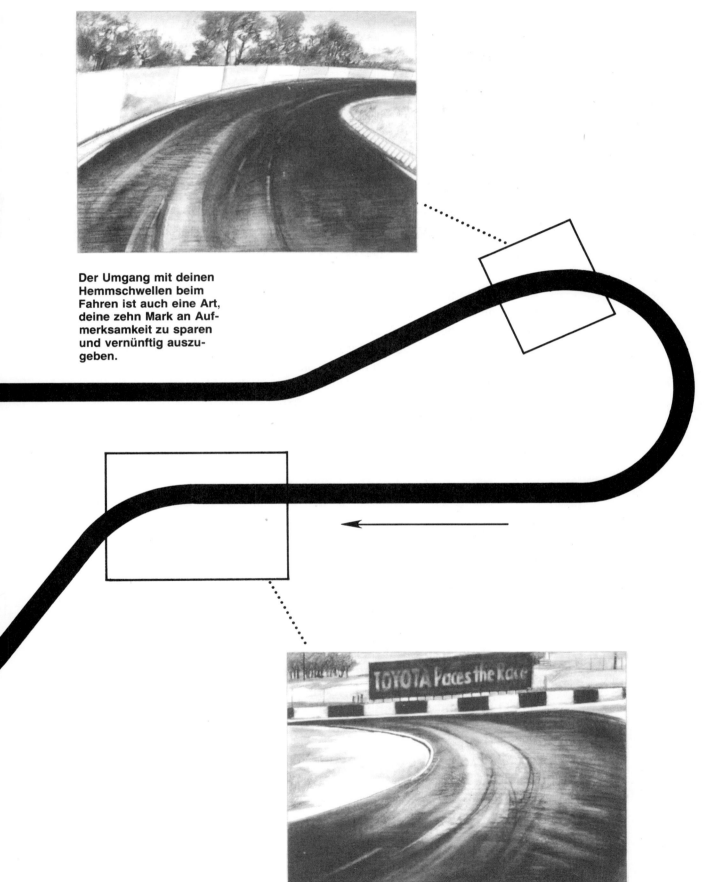

Der Umgang mit deinen Hemmschwellen beim Fahren ist auch eine Art, deine zehn Mark an Aufmerksamkeit zu sparen und vernünftig auszugeben.

KAPITEL ACHT

Bremsen

Die Kunst der Geschwindigkeitsregulierung

Motorradbremsen haben viele große, technische Durchbrüche erfahren, seit die Scheibenbremse aufgekommen ist, und sie sind äußerst wirksam geworden. Die Bremsentechnologie hat die meisten anderen Technologien wie die der Federung beispielsweise übertroffen. Du kannst einen Satz Bremsen kaufen, die einen Wagen zum Halten bringen würden, und sie an einem Nachmittag an dein Motorrad montieren. Die Einstellung der Federung kann indessen eine endlose und mühselige Aufgabe sein. Dieses Kapitel handelt vom Zweck der Bremsen bei Hochleistungs- und Rennfahren, ihre Grenzen und was du übers Bremsen wissen solltest.

Der wichtigste Faktor

Der weitaus wichtigste Faktor, über den man sich beim Bremsen im klaren sein muß, ist die Gewichtsverlagerung, zu der es kommt, wenn die Bremsen betätigt werden. Nehmen wir einmal an, du hast ein 200 kg-Motorrad und du wiegst 70 kg. Das Gewicht ist in Ruhestellung zu 50% vorn und zu 50% hinten verteilt. Das bedeutet, daß das Vorder- und Hinterrad jeweils 135 Kilo tragen. Bei normaler Bremsgeschwindigkeit auf einer Verkehrsstraße beträgt die Gewichtsverlagerung 75% auf das Vorder- und 25% auf das Hinterrad. Das Vorderteil wiegt nun dreimal soviel wie das Hinterteil.

In Zahlen der statischen (oder gebremsten) Gewichtsverlagerung ausgedrückt bedeutet das, daß 90% des Gewichts oder mehr nach vorn verlagert werden und 10% oder weniger hinten bleiben. Jetzt wiegt das Hinterteil des Motorrades 27 kg oder weniger, und die Hinterradbremse muß nur 27 kg des Motorradgewichts bremsen, dazu die Antriebskraft des Hinterrads und des Motors.

Bremskräfte sind erschreckend. Die Beschleunigung einer 150-PS-Rennmaschine bringt sie über 400 m auf 240 km/h. Aber die Bremsen bringen sie von 240 km/h auf 0 in viel kürzerer Distanz.

**Gewichtsverlagerung
50% vorn, 50% hinten**

**Gewichtsverlagerung
75% vorn, 25% hinten**

**Gewichtsverlagerung
100% vorn 0% hinten**

Übermäßiger Gebrauch der Hinterradbremse

Der übermäßige Gebrauch der Hinterradbremse ist so üblich, als gehörte er zum Leben dazu. **Viele Fahrer und Rennfahrer haben es aufgegeben, die Hinterradbremse für scharfes Bremsen zu benutzen.** Es erfordert zu viel Aufmerksamkeit, wenn man es richtig machen will und kann dazu führen, daß das Hinterteil springt und rutscht, wenn man es falsch macht. Sowohl Rutschen als auch Springen führen dazu, daß das Motorrad bis zu einem gewissen Grad außer Kontrolle gerät. Es ist ganz einfach kein gutes Gefühl, wenn man ein Motorrad in die Kurve legt, das im Grunde außer Kontrolle geraten ist. Du hast nur zwei kleine Kontaktflächen mit dem Boden, und wenn eine weg ist, ist das definitiv ein Nachteil für die Haftung, eins deiner Hauptanliegen beim Kurvenfahren.

Bei einem Bremsmanöver in einer Paniksituation oder bei Renngeschwindigkeit wäre die Bedienung jedes anderen Hebels am Motorrad nützlicher als eine blockierte Hinterradbremse. Wenn du den Fernlichtschalter oder den Choke betätigen würdest, würde das weniger Schaden anrichten. Vorn ist das Gewicht und die Bremskraft – nicht hinten.

Der Gebrauch der Hinterradbremse erfordert etwas verkehrte Logik. Es scheint logisch, daß man die Bremsen am härtesten zu Beginn des Bremsens gebraucht, wenn man am schnellsten fährt. Das stimmt für die Vorderradbremse. Hinten jedoch bremst man zunächst am leichtesten, wenn die Gabel am stärksten unter Druck steht und die Gewichtsverlagerung am stärksten ist. Wenn du die Vorderradbremse freigibst, verlagert sich ein Teil des Gewichts zurück auf das Hinterrad, und die Hinterradbremse kann, wenn sie überhaupt benutzt wird, diesmal mehr zum Anhalten oder Verlangsamen beitragen. Du mußt mit deinem rechten Fuß sehr geschickt umgehen, wenn du überhaupt von der Hinterradbremse bei scharfem Bremsen Gebrauch machen willst.

Leichte Grand-Prix-Motorräder oder Superbikes haben so riesige Scheibenbremsen und gut haftende Reifen, daß sich beim scharfen Bremsen das Hinterrad vom Boden abheben kann. Schwächere Straßen- und Rennmotorräder machen das gleiche, aber aus einem anderen Grund. Scharfes Bremsen auf geriffelter Straßenoberfläche oder Unebenheiten kann das Hinterteil des Motorrades in die Luft heben, weil es nicht genügend belastet ist. Die Federn, die dafür ausgelegt sind, bei schwerer Ladung in Aktion zu treten, tragen dazu bei, weil sie das Hinterrad daran hindern, den Straßenunebenheiten zu folgen. Die Folge ist Zwischenraum zwischen Reifen und Straße, wahrlich eine dürftige Haftung. *Ist dir das auch schon einmal so ergangen?*

Der Zweck des Bremsens

Die Bremsen haben die Aufgabe, **die Geschwindigkeit des Motorrads nach unten anzupassen und zu korrigieren, also Verlangsamung zu kontrollieren.** Du weißt, wie feinfühlig du mit dem Gas umgehen kannst. Wenn du aus einer Kurve kommst, kannst du mit dem Gas deine Geschwindigkeit in Zehntelkilometern pro Stunde anpassen. Wenn du in eine Kurve gehst, kannst du Anpassungen genau so akkurat mit den Bremsen vornehmen.

Viele Fahrer achten nicht genügend darauf, mit Gefühl zu bremsen, selbst Experten nicht.

Die meisten Fahrer haben die Vorstellung, daß Bremsen so etwas wie eine Vorrichtung zum Ein- und Ausschalten sind. Komm zu einer Bremsmarkierung und bremse, fahr weiter zur nächsten Markierung und laß die Bremse wieder los. Das ist nicht richtig. So kannst du nicht bremsen und dann erwarten, daß du besser fährst. Da verlangst du zuviel von dir. Der Zweck der Bremsen besteht darin, die Geschwindigkeit nach unten anzupassen. Der Gesamtzweck des Rennfahrens besteht darin, schneller auf der Strecke oder der Straße voran zu kommen, Sekunden von Rundenzeiten einzusparen.

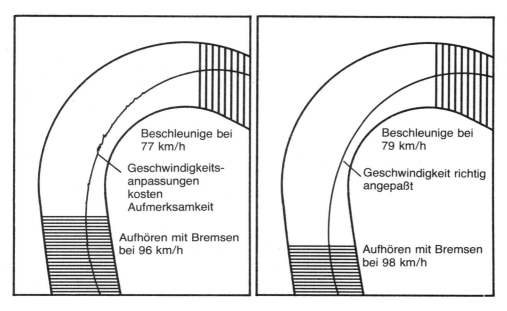

Spätes Bremsen schadet Rundenzeiten und Kurvengeschwindigkeiten oft mehr, als es gut tut. Setz dir die für dich angemessenen und sicheren Bremspunkte selbst fest.

Eine Sekunde schneller

Wir wollen einmal untersuchen, welche Rolle die Bremsen dabei spielen, wenn man **pro Runde** eine Sekunde schneller fährt.*) **Auf den meisten amerikanischen Strecken mußt du durchschnittlich eine Meile/h schneller für eine Sekunde besserer Rundenzeit auf der Strecke ansetzen.** Wenn du das erreichen willst, mußt du eine mph schneller fahren und dann diesen Vorsprung auf den Geraden halten. Du wirst aber auf den Geraden nicht schneller fahren, wenn du nicht schneller aus den Kurven kommst. **Du mußt die Geschwindigkeit deines Motorrads so genau anpassen, daß du eine Meile schneller durch die Kurven kommst.** Wie kannst du aber die eine mph bei einem Motorrad, das vorwärts drängt und über Bodenwellen springt, genau einschätzen, wenn du versuchst, Brems-Fading und einen vollen Tank oder einen leeren zu kompensieren? Das ist zuviel verlangt. Du mußt etwas netter zu dir sein und es dir ein bißchen leichter machen, diese eine Meile zu finden.

---

*) Die amerikanischen Rennstrecken sind im Durchschnitt 2,5 miles (ca. 4 km) lang. Je länger eine Strecke ist, um so weniger macht eine Sekunde im Rundendurchschnitt aus.

Stell dir vor, die Bremsen wären ein umgekehrter Gasgriff. Anstatt aufzudrehen, drehst oder drückst du zurück, damit du zu bremsen anfängst und die Verlangsamung in Gang kommt. **Die Geschwindigkeit, die bleibt, wenn du die Bremsen freigibst, ist die Geschwindigkeit, mit der du in die Kurve gehst.** Wenn du 1 km/h schneller sein willst als bei der letzten Runde, dann mußt du im Stande sein, soviel schneller in die Kurve zu gehen. Du kannst dich nicht der Hoffnung hingeben, daß du diese Geschwindigkeit später in der Kurve zulegen wirst, du mußt sie vielmehr gleich zu Beginn haben. *Wo wirst du das versuchen?*

Erhebliche Verbesserungen

Du kannst keine erheblichen Zeitverbesserungen erreichen, indem du schärfer bremst oder tiefer in die Kurve gehst. Du kannst mit den Bremsen Zeit gewinnen, wenn du die Kurvengeschwindigkeiten genau dosierst.

Wo und wie du die Bremsen freigibst, ist viel wichtiger als wo du sie ziehst, denn das legt deine Kurvengeschwindigkeit fest. Du kannst in eine Kurve von 200 km/h 7,5 m tiefer reingehen als das letzte Mal und deine Rundenzeiten ungefähr um eine Zehntel Sekunde reduzieren. Wenn du 15 m tiefer hineingehst, würde es sie zweimal soviel verbessern. Wenn du anfangs gut gebremst hast, kannst du unter Umständen auf den meisten Strecken bis zu zwei oder drei Zehntel Sekunden herausholen. Aber wenn du soviel tiefer in die Kurve gehst, wirst du wahrscheinlich ganz schön große Augen machen. Die Gefahr, Fehler zu machen, vergrößert sich nämlich und verschlingt viel Aufmerksamkeit — deine zehn Mark —, die du besser anderswo anlegen könntest.

Wenn du die Bremsaktion am richtigen Ort beginnst und die Geschwindigkeit für die Kurve richtig ist, kannst du jedes Mal, wenn du die Bremsen betätigst, eine Sekunde oder mehr herausholen! Wenn du zu tief hineingehst und durcheinanderkommst, ist es nur schwieriger für dich, deine Geschwindigkeit einzuschätzen. **Es ist besser, du gehst an deine anfängliche Bremsmarkierung zurück und läßt dir mehr Zeit, deine Geschwindigkeit richtig festzulegen, als daß du mit spätem Bremsen in Panik gerätst.** Widersteh der Versuchung, in Kurven spät zu bremsen, wenn das keinen Vorteil bringt. Willst du allerdings einen überholen, mußt du beim In-die-Kurve-Gehen spät bremsen. Gewöhnlich verbessert das nicht deine Rundenzeiten, aber du kannst dich einen Platz nach vorn schieben.

Versuch deinen absolut spätesten Bremspunkt beim Training ausfindig zu machen, damit du weißt, wohin dich das bringen wird, wenn du bei einem Rennen in einer Überholsituation bremsen mußt.

Betrachte spätes Bremsen vom Standpunkt der Zeit, der Rundenzeiten und deiner Position im Rennen im Verhältnis zu den anderen Fahrern. Wenn du bis zu einer Sekunde hinter dem schnellsten Fahrer auf der Strecke bist und durch Bremsen viel verbessern kannst, dann können die zwei oder drei Zehntel Sekunden, die du gewinnst, wirklich etwas bringen. Wenn du mehr als eine Sekunde brauchst, um Rundenzeiten zu erreichen, mit denen du ein Rennen gewinnen kannst, dann versuch das nicht mit den Bremsen allein. Du mußt deine Durchschnittsgeschwindigkeit in den Kurven erhöhen. *Leuchtet dir das ein?*

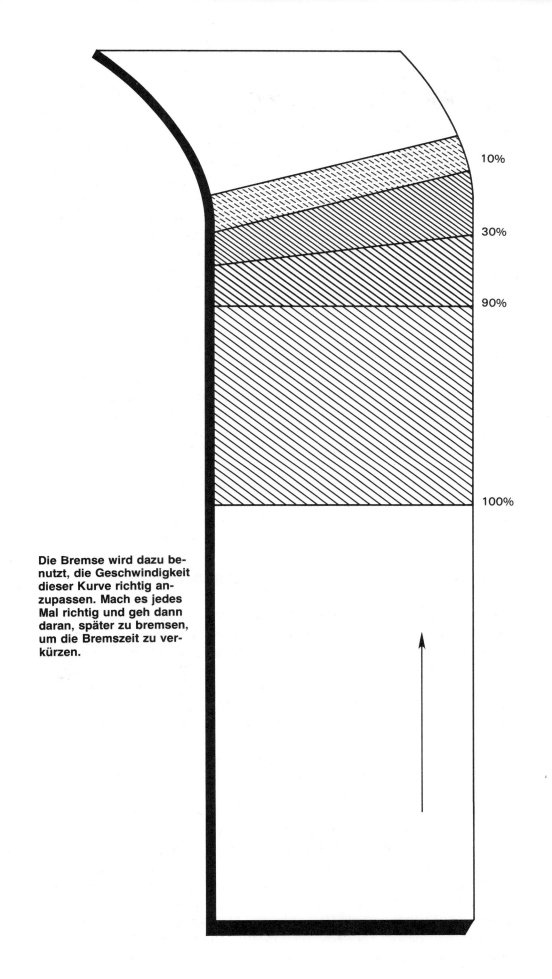

Die Bremse wird dazu benutzt, die Geschwindigkeit dieser Kurve richtig anzupassen. Mach es jedes Mal richtig und geh dann daran, später zu bremsen, um die Bremszeit zu verkürzen.

Das Bremsprodukt

Das eigentliche Bremsprodukt besteht aus folgendem: **Die Geschwindigkeit des Motorrads für diese Stelle auf der Strecke so festzulegen, daß keine weiteren Änderungen nötig werden.** Falls du zu schnell hineinfährst und mehr bremsen mußt, wenn du um die Kurve fahren sollst, kann das dein Timing über den Haufen werfen. Wenn du zu langsam hineinfährst und deine Geschwindigkeit erhöhen mußt, dann ist das ein zusätzlicher Vorgang, der Zeit und Mühe zum Korrigieren kostet. **Es kostet Zeit zu realisieren, daß etwas nicht in Ordnung ist, Zeit zum Feststellen, was es sein könnte, und Zeit zum Korrigieren.** Wenn du deine Geschwindigkeit festgelegt hast, indem du sie genau dem Bremsen anpaßt, dann brauchst du immer weniger Korrekturen vorzunehmen und kannst deine Aufmerksamkeit darauf verwenden, durch die Kurve zu fahren.

Setz einen Orientierungspunkt (OP) fest, der die Stelle angibt, wo du mit dem Bremsen anfangen willst. Bremsen ist ein Zwischenprodukt und beinhaltet wenigstens zwei **Punkte für das Timing** (POT): einen an der Stelle, wo du zu bremsen anfängst, und einen, wo du damit fertig bist. **Es ist genau so wichtig, eine Markierung für das Ende des Bremsens festzulegen, wie du einen für den Beginn brauchst.** Wenn du eine gute Markierung für das Bremsende hast, ist es dir möglich, im voraus zu sehen, wo du mit dem Bremsen fertig bist. Folglich kannst du deine Geschwindigkeit leichter anpassen. Es gibt keine Garantie, daß das Motorrad auf jeder Runde genau gleichviel langsamer wird, auch wenn du an derselben Stelle bremst; die Dinge ändern sich. Doch eine **Markierung für das Ende des Bremsmanövers** ist eine Konstante, von der du ausgehen kannst. *Wird dir das etwas einbringen?*

Bremsen und dein Gefühl für Geschwindigkeit

Wenn meine Konzentration gut ist, weiß ich, daß ich alles richtig gemacht habe, aber es ist so, als ob ich nicht wirklich dabei gewesen wäre. Bei dieser Konzentration weiß ich genau, ob ich 0,5 km/h langsamer oder schneller fahre.

Dein Gefühl für Geschwindigkeit ist deine Fähigkeit, einzuschätzen, ob du schneller oder langsamer als bei vorangegangenen Fahrten durch eine Kurve oder über einen Straßenabschnitt fährst. Um schneller zu fahren, mußt du wissen, was schneller ist. Ich nehme an, daß ein Straßenrennfahrer der Weltklasse in der Lage sein muß, seine Geschwindigkeit innerhalb eines km pro Stunde richtig einzuschätzen und möglicherweise sogar noch genauer. 1 km/h mehr oder weniger verleiht dem Fahrer einen Bereich von 2 km/h an Gefühl für Geschwindigkeit. Ein Gefühl für Geschwindigkeit von plus oder minus 8 km/h verleiht dir einen Bereich bis zu 16 km/h. Das kann unter Umständen zu viel sein. 8 km/h schneller in einer Kurve ist wirklich sehr viel, genug, um dich rauszuschmeißen, wenn du alles auf einmal machst.

Wenn du die Bremsen als Meßskala benutzt, kannst du radikale Änderungen im Verhalten des Motorrads damit ausschließen, und es wird dir leichter gemacht, dein Gefühl für Geschwindigkeit zu entwickeln. Wenn du die Bremsen jedoch wie einen Knopf zum Ein- und Ausschalten benutzt, verursachst du ungeheure Veränderungen bei der Gewichtsverlagerung und ein Verhalten des Motorrads, das ein Gefühl für die Geschwindigkeit sehr schwierig macht. Wenn du die Bremsen als einen umgekehrten Tachometer benutzt, dann ermöglicht dir das, die

Geschwindigkeit langsam zu erreichen, und du wirst empfindsamer für Geschwindigkeitsanpassungen. Je fähiger du wirst, Geschwindigkeit zu empfinden, desto leichter und schneller kannst du diese Geschwindigkeitsanpassungen genau ausführen.

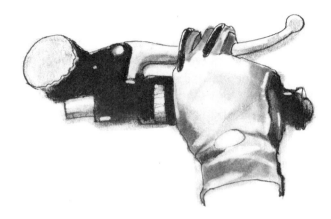

Du kannst die Geschwindigkeit akkurat anpassen. Daraus ergibt sich zweierlei:
1. Du entwickelst ein besseres Gefühl für Geschwindigkeit.
2. Du kannst deine Aufmerksamkeit auf das Fahren durch die Kurve verwenden, wenn du es gleich beim ersten Mal richtig machst.

Noch ein Trick beim Bremsen

Mit den Bremsen kannst du noch etwas anderes erreichen. Wenn du sie losläßt, kannst du deine Geschwindigkeit wirkungsvoll erhöhen. Wenn du beim Einfahren in die Kurve einen bequemen Bremspunkt hast und dann **bemerkst,** daß du vielleicht zu langsam bist, laß die Bremsen los und behalte deine Geschwindigkeit bei, die 7,50 m oder weiter richtig wäre. Wenn deine Geschwindigkeit richtig ist – etwas schneller als bei der letzten Runde, dann wirst du wahrscheinlich nicht so viel Zeit verlieren wie durch zu spätes Bremsen, wobei du in der Aufregung leicht einen Fehler machst.

Ein größerer Vorteil für die Feinabstimmung deines Gefühls für Geschwindigkeit ist es, ohne Panik bequem in die Kurven zu gehen, wenn du die Bremsen als Regulator benutzt und die Kurvengeschwindigkeit jedes Mal ein bißchen erhöhst. Kontrolle und Vertrauen können aus dieser Fertigkeit entwickelt werden. *Meinst du, daß das funktionieren wird?*

Nach dem Bremsen lasse ich es in der Kurve ein wenig rollen, damit sich alles wieder beruhigen kann und ich für den Kurvenausgang bereit bin.

Die Bremsübungen

Obwohl es stimmt, daß dir die Hinterradbremse beim harten Bremsen wenig nützt, ist es dennoch eine gute Idee, wenn du genau herausfindest, was passiert, wenn sie blockiert und das Rad wegschmiert. Die einfachste Methode besteht darin, die Strecke mit mäßiger Geschwindigkeit entlangzufahren und dann die Hinterradbremse zu blockieren.

Beachte eine wichtige Vorsichtsmaßregel, während du diesen Test machst. Wenn das Hinterteil der Maschine aus der Spur mit dem Vorderteil ausbricht und du läßt die Hinterradbremse wieder los, dann wird es – oder kann es – wieder in eine Linie mit dem Vorderrad zurückgehen. Wenn das Vorderrad und das Hinterrad stark von einer gemeinsamen Linie abweichen, dann kann das so abrupt vor sich gehen, daß du und das Motorrad zu Boden gehen.

Einige Lehrer in Sachen Sicherheit auf dem Motorrad schlagen vor, daß man die obige Situation vermeiden kann, indem man die Hinterradbremse blockiert läßt, bis die Maschine steht oder fast zum Stillstand gekommen ist. Das ist nicht immer eine praktische Lösung, vor allem nicht beim Rennen.

Mit etwas Übung ist es möglich, die Räder durch entsprechende Körperhaltung und Druck auf den Lenker wieder auf Kurs zu bringen, dann läßt man die Bremsen los und fährt weiter. Das beste ist, wenn es gar nicht zum Blockieren kommt, so fängt es schon mal an. Mit der folgenden Übung kannst du lernen, wo der Punkt ist, an dem das Hinterrad blockiert und wie empfindlich deine Hinterradbremse ist.

Stufe 1: Fahre bei mäßiger Geschwindigkeit in einer Gegend ohne Verkehr und wo du nicht abgelenkt wirst

Stufe 2: Zieh die Vorderradbremse mit stetem und gleichmäßigem Druck.

Stufe 3: Brems mit der Hinterradbremse stufenweise mehr, damit du erkennst, wieviel Pedaldruck nötig ist, um sie zu blockieren.

Stufe 4: Wiederhole die Stufen 1 bis 3, bis du **weißt,** wann die Bremse blockiert. Mach das bei verschiedenen Geschwindigkeiten und mit unterschiedlicher Bremsstärke, wobei du nicht vergessen darfst, daß das Hinterteil um so leichter wird, je stärker du vorn bremst.

Beim Bremsen auf gerader Strecke fühlt sich ein blockiertes Vorderrad bei 160 km/h genau so an wie bei 16 km/h, nur die Bremsspur ist länger.

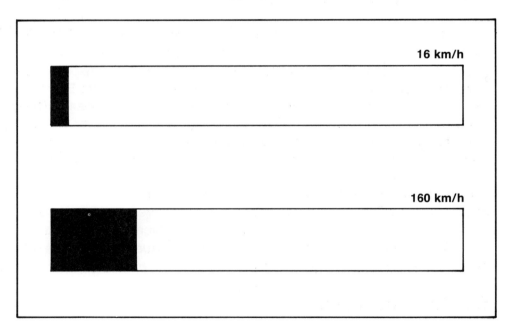

Die Übung mit der Vorderradbremse

Sinn dieser Übung ist, herauszufinden, wieviel Hebeldruck nötig ist, um das Vorderrad zu blockieren, und was mit dem Motorrad passiert, wenn das Rad blockiert. Ohne diese Kenntnis wirst du bis zu einem gewissen Grade immer Angst vor der Vorderradbremse haben.

Stufe 1: Fahr mit 8 bis 16 km/h.

Stufe 2: Blockier das Vorderrad, wobei du nur die Vorderradbremse benutzt.

Du wirst feststellen, daß das Vorderrad ausbricht und sich das Motorrad so anfühlt, als ob es sich überschlagen wollte. **Und es wird,** wenn du die Bremse nicht losläßt. Die einfache und einzige Lösung besteht darin, den Handbremshebel loszulassen, bis das Rutschen aufhört. Das Motorrad wird sich sofort aufrichten. **Was bei 16 km/h passiert, passiert auch bei 160 km/h.** Der einzige Fehler, den du mit einem blockierten Vorderrad machen kannst, ist der, **den Bremshebel nicht früh genug loszulassen.**

Bei 160 km/h wird die Bremsspur, die du auf der Straße hinterläßt, länger sein als bei 16 km/h. Wenn du das Rad eine Zehntel Sekunde bei 16 km/h blockiert läßt, wird das Rad einen knappen halben Meter rutschen. Bei 160 km/h wird es an die fünf Meter rutschen. Das Motorrad hat natürlich bei 160 km/h mehr Kräfte, die es aufrecht halten, aber es fühlt sich genauso an wie bei 16 km/h.

Kosten senken

Der Sinn dieser Übungen ist, den Punkt herauszufinden, wo die Bremsen blockieren und mit diesem Gefühl vertraut zu werden, damit du weißt, was zu machen ist, wenn die Bremsen blockieren, während du fährst. Diese Art Überraschung kann dich 9 Mark kosten. Wenn du vertraut damit bist, kostet es 25 Pfennig oder weniger.

Stufe 3: Wiederhole die Stufen 1 und 2 mit immer höheren Geschwindigkeiten, bis du sicher bist, was geschieht, und sicher bist, daß du die Maschine kontrollieren kannst.

Du findest heraus, wie sich deine Bremsen verhalten, triffst deine Entscheidungen, was gemacht werden kann und verwendest diese Aufmerksamkeit auf die kommende Kurve.

Bremsen und runterschalten

Runterschalten ist mit Bremsen eng verbunden, weil beides so ziemlich gleichzeitig geschieht. Nach Beobachtungen scheint es, daß die meisten Fahrer glauben, der Motor muß dazu beitragen, das Motorrad zu bremsen oder zum Stillstand zu bringen. Wenn du hörst, daß beim Einfahren in eine Kurve der Motor hochdreht, dann weißt du, daß ihn der Fahrer als Bremse benutzt. *Ist das auch bei dir so?*

Der Motor ist keine Bremse!

Er soll die Geschwindigkeit der Maschine erhöhen und sie nicht vermindern. Überall, wo du die Bremsen benutzen und gleichzeitig runterschalten mußt, ist es nicht effizient oder richtig, wenn du den Motor zum Verzögern benutzt. Auf dem Hinterrad ist nicht genügend Gewicht, so fängt es erst einmal an, und wenn du den Motor mitbenutzt, dann bedeutet das, daß du Kurbelwelle und Kolben früher austauschen mußt.

Wenn du das Hinterrad ein bißchen verzögern möchtest, nimm die Hinterradbremse. Es ist billiger, Bremsscheiben als Kurbelwellen auszutauschen. Zum anderen ist es auch deshalb nicht richtig, den Motor als Bremse zu benutzen, weil das nicht der Sinn des Runterschaltens ist. **Der Sinn des Runterschaltens ist es, den Motor in den richtigen Drehzahlbereich zu bringen, wenn du beim Verlassen der Kurve zu beschleunigen beginnst.**

Die meisten Fahrer meinen, sie müßten so bald wie möglich runterschalten, nachdem sie zu bremsen beginnen. In manchen Fällen ist keine Zeit für eine gemütliche Anfahrt, man muß sofort runterschalten. Doch wenn du Zeit hast, schalte, wenn du es ruhiger machen kannst.

Dem Motorrad ist's egal

Wenn man in eine Kurve geht, ist es dem Motorrad egal, in welchem Gang man gerade ist. Der richtige Gang zählt nur, wenn du zu beschleunigen anfängst. Wenn du nach einer Geraden, auf der du im 6. Gang fährst, in eine Kurve gehst, bei der du für die richtige Beschleunigung den 3. Gang brauchst, und die Kurve verlangt zum Teil Fahren mit konstanter Geschwindigkeit, hat das Motorrad nichts dagegen, wenn es in diesem Teil der Kurve im 6. Gang ist. Natürlich ist es wichtig, daß du an der richtigen Stelle soviel mal runterschaltest, daß du im richtigen Gang landest. Das geschieht gewöhnlich nicht bei der erstbesten Gelegenheit, wenn du gerade mit dem Bremsen beginnst. Die beste Stelle ist gewöhnlich nicht die, wo du in der Kurve abgewinkelt hast. Das Motorrad wird etwas unruhig, wenn in Schräglage geschaltet wird. Wenn man in der Kurve schaltet, kann das unter Umständen das Motorrad dazu bringen, ein- und auszutauchen, weil Schalten sowohl Haftung als auch Lenkverhalten beeinträchtigen.

Die beste Stelle zu schalten, ist gegen Ende des Bremsvorgangs, aber noch bevor das Motorrad stark abgewinkelt in die Kurve gelegt wird.

Du wirst viel Aufmerksamkeit sparen, wenn du weißt, wievielmal du schalten mußt, bevor du in eine Kurve gehst. Wenn du das nicht weißt, meinst du, du müßtest sofort runterschalten für den Fall, daß du einen Fehler machst. Darum beginnen viele Fahrer zu früh mit dem Runterschalten. **Du brauchst nicht zu wissen, in welchem Gang du fährst, solange du weißt, wie viele Gänge du runtergehen mußt.** Es ist erstaunlich, wieviel Aufmerksamkeit freigesetzt werden kann, wenn man das einfach weiß und es macht. *Sollte man das nicht mal versuchen?*

Der größtmögliche Gang

Um zu entscheiden, wie viele Gänge du für eine Kurve runterschalten solltest, **nimm immer den größtmöglichen Gang, der es dem Motorrad noch erlaubt, innerhalb des Leistungsbandes um die Kurve zu kommen.** Wenn du zu weit runterschaltest und die Kurve so fährst, daß der Motor bis in den roten Bereich dreht, mußt du garantiert schalten, während das Motorrad noch abgewinkelt ist. Du wirst das mitten im Herauskommen aus der Kurve machen müssen, an einer Stelle, an der du dich auf etwas anderes konzentrieren solltest. Manchmal freilich hast

In langgezogenen Kurven lasse ich die Leistung des Motorrades nicht absacken, es scheint ein leichteres Sliding zu ermöglichen. Ich halte es auf Drehzahl, mit der es weiter im Leistungsbereich liegt.

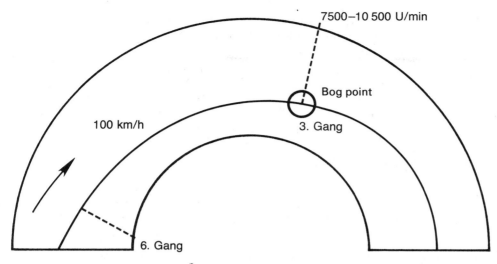

Bog point: Punkt, an dem der Motor nicht mehr im Leistungsbereich ist

Der Sinn des Runterschaltens ist, daß man den Motor auf Leistung hält, wenn man anfängt zu beschleunigen. Du könntest ihn bis zu der Stelle im 6. Gang lassen, wo du wieder beschleunigst. Dem Motorrad würde es nichts ausmachen.

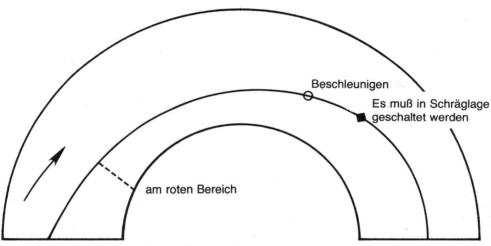

Raufschalten, während man noch abgewinkelt hat, kostet viel, weil es perfekt sein muß.

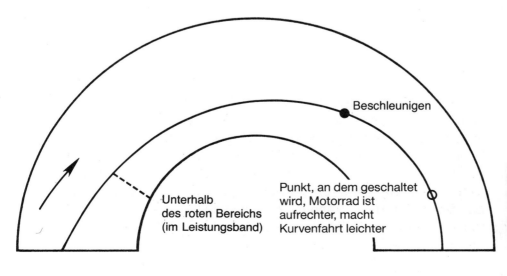

Mit einem Motorrad, das kräftig aus der Kurve zieht (ohne Raufschalten), kannst du deine Aufmerksamkeit auf Geschwindigkeit, Haftung, OPs usw. richten.

du wegen des Getriebes an dem Motorrad gar keine andere Wahl, und du mußt von einem Gang in einen anderen schalten, während du noch abgewinkelt hast. Manchmal kannst du diese Situation durch eine andere Übersetzung ändern, damit es für die Kurven richtig ist, selbst wenn du auf der Geraden den Motor etwas über- oder unterdrehst. Wenn daraus bessere Rundenzeiten entstehen – und das ist möglich – dann ist es die Sache wert, wenn man ein bißchen von der Spitze opfert. *Irgendwelche Beispiele?*

Ein weiteres Problem

Ein weiteres Problem, das damit verbunden ist, wenn man in der Kurve zu viele Gänge runterschaltet und die Drehzahl in den roten Bereich geht, besteht darin, daß die Motorvibration das Vibrieren der Reifen auf der Straße überlagert. Dieses Vibrieren brauchst du aber, um zu wissen, wie es um deine Bodenhaftung steht. Es gibt ein bestimmtes Vibrieren, wenn die Reifen gut greifen und nicht durchdrehen, weil sie maximal belastet sind. Wenn die Reifen zu rutschen anfangen, ist das Vibrieren anders und viel feiner. **Ein hochdrehender Motor kann in einer Kurve einen Fahrer zu der Annahme verführen, daß seine Reifen rutschen.**

Wenn der Motor in einer Kurve in den roten Bereich kommt, macht dich das aufmerksam, nicht wahr? Vermeide diese Unkosten. Es beeinträchtigt auch dein Gefühl für Bodenhaftung.

Dein Gefühl für die Bodenhaftung ermöglicht es dir, zu erkennen, welche Bedingungen Geschwindigkeit und Schräglage für deine Reifen schaffen, wie gut sie auf dem Asphalt greifen. Das sich daraus ergebende Vibrieren überträgt sich über den Rahmen, und du bekommst es am Lenker, dem Sitz und in den Fußrasten zu spüren. **Veränderungen an diesem Vibrieren gibt dir in jedem Augenblick ein Bild von der Bodenhaftung.** Wenn die Motorvibration diese Information „ertränkt" oder unterdrückt, dann wird es schwierig, genau zu spüren, was die Reifen machen. *Bist du dir darüber im klaren?*

Coast Racing

„Canyon Racers"*) machen sich einen großen Spaß mit „Coast Racing", Abfahrten mit abgestelltem Motor. Mehrere Fahrer stellen sich oben am Beginn einer langen Abfahrt mit vielen Kurven, in einer Linie auf, stellen ihre Motoren ab und lassen ihre Maschinen den Berg hinunterrollen. Der Fahrer, der am wenigsten bremst, gewinnt. Gute Fahrer haben festgestellt, daß sie in denselben Kurven schneller „gerollt" als mit laufendem Motor durchgefahren sind. Das kann aber nicht bedeuten, daß du auf einer Rennstrecke oder sonst irgendwo durch die Kurven „coasten" solltest, du solltest einen Gang drin haben, so daß du das Motorrad in der Kurvenausfahrt unter Kontrolle behältst. Dieses Beispiel demonstriert, daß du Reifenhaftung viel besser „fühlen" kannst, wenn die Motorvibration sie nicht überlagert. **Beachte:** Ich empfehle Coast Racing nicht, weil ich mitangesehen habe, daß viele sich dabei verletzt haben.

Ich benutze gern Ohrstöpsel. Je leiser es ist, desto schneller fahre ich.

Was der Fahrer können muß

Der Fahrer muß **die Motorvibration von dem Vibrieren der Reifenhaftung unterscheiden können, damit er ständig Bodenhaftung spüren kann.** Dein **Gefühl für Haftung** ist etwas, dem du viel Aufmerksamkeit widmen **solltest. Die Kombination deines Sinns für Haftung und deines Gefühls für Geschwindigkeit wird dir dazu verhelfen, daß du die Kurvengeschwindigkeit, mit der du fahren willst, bestimmen kannst.** Ganz gleich, welche Linie oder OPs oder welches Produkt du für eine Kurve verwendest, immer gibt es für diesen Ansatz eine Höchstgeschwindigkeit. Du wirst diese Höchstgeschwindigkeit nicht erreichen, wenn du die Haftung der Reifen nicht spürst.

Die anderen Grundlagen fürs Runterschalten kannst du nicht außer acht lassen: Gasgeben und kuppeln müssen richtig getimed sein, wenn du schaltest. Runterschalten an der richtigen Stelle auf der Strecke ist wichtig, aber wenn man verfehlt, die Motordrehzahl mit der Geschwindigkeit des Motorrads in Übereinstimmung zu bringen, blockiert das Hinterrad oder es stempelt weg. Dreh den Motor immer so viel, daß du zwischen den Gängen beim Runterschalten die richtige Drehzahl hast.

Vorderradbremse + Gas

Die meisten erfahrenen Motorradfahrer beherrschen die Technik meisterlich, Vorderradbremse und Gas gleichzeitig zu bedienen. Das bringt die Übung mit sich. Sinn dieser Technik ist, daß es dir möglich wird, die Vorderradbremse so hart wie möglich zu betätigen und trotzdem in der Lage zu sein, genügend Gas zu geben, damit der Motor beim Runterschalten auf Drehzahl kommt. Der Trick besteht darin, daß man den Bremshebeldruck konstant halten oder ihn im Bedarfsfall ändern kann, während man Gas gibt.

---

*) Als „canyon racer" werden in Kalifornien Motorradfahrer bezeichnet, die in den Bergen und Canyons ihre kleinen Privatrennen austragen.

Wie du nun nach dem Hochdrehen des Motors die Kupplung losläßt, macht den ganzen Unterschied zwischen einem sanften oder ruppigen Schalten aus. Gute Fahrer lassen die Kupplung sanft und gleichmäßig los, so daß das Schalten den geringsten Effekt auf das Motorrad hat. Selbst wenn du den Motor nicht genug hochdrehst, kann langsames Loslassen der Kupplung das ruppige Runterschalten verhindern.

Es mag weit hergeholt sein, daß das Wie und Wo deines Runterschaltens deine Kurvengeschwindigkeiten verbessern kann, aber ich lege dir nachdrücklich nahe, die Methoden dieses Kapitels anzuwenden, damit du dein Gesamtfahrverhalten und dein Gefühl für die Bodenhaftung verbesserst sowie mehr Freiraum für deine Aufmerksamkeit bekommst.

Kannst du damit deine Fahrweise verbessern?

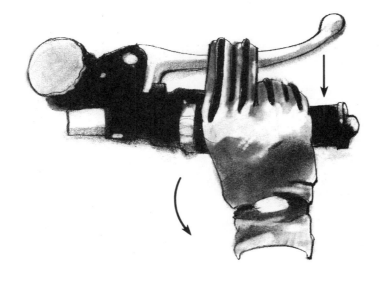

Die Bedienung von Gas und Bremse gleichzeitig ist wichtig. Wenn man zwei Dinge gleichzeitig ausführt, vermindert das Unkosten, so weit das möglich ist.

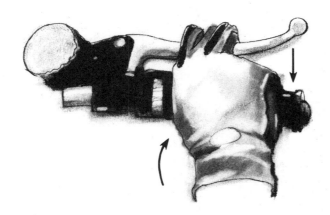

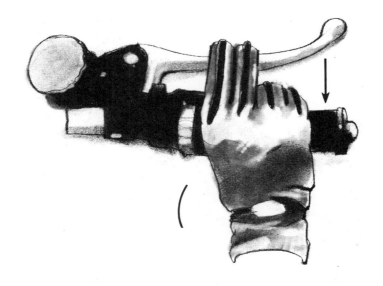

Eddie Lawson demonstriert am Beispiel der „Korkenzieherkurve" in Laguna Seca wie man richtig mit dem Bremsen aufhört und die Kurve beginnt.

Beachte die fast unveränderte Gabelausdehnung von Anfang bis Ende. Das nennt man flüssig.

In dem Moment, in dem das Motorrad auf die überhöhte Straßenoberfläche fährt, beginnt er gerade so viel zu beschleunigen, daß das Motorrad am Ein- und Ausfedern gehindert wird.

KAPITEL NEUN

Lenken
Entgegengesetzt ist richtig

Ich bediene mich des Gegenlenkens, und mit sehr geringer Mühe geht es rechts rum. Wenn ich das Motorrad rumgekriegt habe, benutze ich das Gas, um es zu steuern. Ich drifte mit beiden Rädern. Nehme ich das Gas weg, hört es auf zu driften.

Viele Fahrer haben gelernt, ein Motorrad zu lenken, ohne den Vorgang begriffen zu haben. Sinn des Lenkens ist, die Fahrtrichtung des Motorrades zu kontrollieren. Beim Rennfahren oder in jeder anderen beliebigen Fahrsituation mußt du das Gefühl haben, daß Lenkung und Fahrtrichtung des Motorrades unter deiner Kontrolle sind. Je schneller du fährst, desto sicherer möchtest du sein, daß die Maschine macht, was du willst.

Gegenlenken

Lenken ist einfach genug: du drückst den Lenker entgegengesetzt zu der Richtung, in die du fahren willst. So fängt eine Kurve an, und das Motorrad neigt sich beim Hineingehen. Gewolltes Drehen des Lenkers entgegengesetzt zur Fahrtrichtung wird **Gegenlenken** genannt. Lenken bedeutet „führen, leiten" in eine bestimmte Richtung, gegenlenken also in die entgegengesetzte Richtung. Um nach rechts zu fahren, mußt du den Lenker nach links drücken, um nach links zu fahren, nach rechts. **Gegenlenken ist das einzige Verfahren, mit dem du ein Motorrad so lenken kannst, daß es akkurat steuert.**

Tatsächlich hast du dein Motorrad immer so gelenkt, ob du das nun gewußt hast oder nicht. Du kannst ein Motorrad nicht einfach dadurch lenken, daß du es abwinkelst. Du kannst es dazu bringen, daß es in die eine oder andere Richtung geht, indem du bei niedrigen Geschwindigkeiten dein Gewicht nach einer Seite verlagerst, aber das ist kein Lenken. Wir reden davon, das Motorrad zu kontrollieren, und die eben angeführte Methode ist noch keine Kontrolle. Du kannst dabei nur raten, wohin das Motorrad fahren wird. Bei Geschwindigkeit kannst du in der Hinsicht überhaupt nicht viel bewirken, wenn du nicht den Lenker hältst.

Sehen wir uns doch einmal an, was geschieht, wenn du lenkst. Du näherst dich einer Rechtskurve. Du legst dich nach rechts, und das Motorrad fängt an, nach rechts zu fahren. Da du dich am Lenker festhältst und nach rechts bewegst, zieht dein linker Arm die linke Seite des Lenkers zu dir hin, was den Lenker nach links dreht. Wenn du dich nach links legst, um nach links einzubiegen, dann ziehst du an der rechten

Seite des Lenkers. Dazu muß es kommen, wenn du den Lenker festhältst. Wenn du den Lenker nicht hältst, geht das Motorrad auch nicht in die Kurve, in die du dich legst. Du kannst auch am anderen Lenkerende drücken oder auch ziehen, es hängt immer davon ab, wie du den Lenker hältst. *Ist es damit erklärt?*

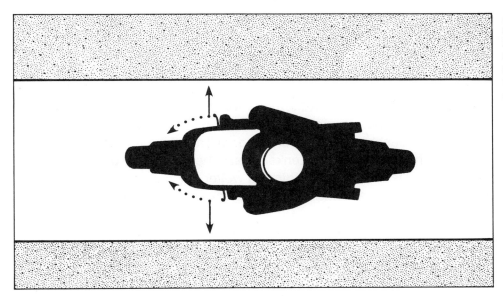

Je schneller du fährst, desto präziser mußt du lenken. Produkte, OPs, Zwischenprodukte, Punkte für das Timing, alles kann man richtig einordnen mit genauem Lenken.

Drücken / Ziehen

Solange du weiter am Lenker drückst oder ziehst, wird sich das Motorrad auch weiter zur Seite legen und stärker in die Kurve gehen. Wenn du den Druck auf den Lenker lockerst, wird das Motorrad in der Schräglage bleiben, die du erreicht hast, als du den Druck gelockert hast. Du brauchst das Motorrad nicht mit irgendwelchem großen Kraftaufwand, wenn überhaupt, in der Kurve zu halten. Auf den meisten Motorrädern brauchst du dich, wenn du die Maschine erst einmal in der gewünschten Schräglage hast, nicht länger am Lenker festzuhalten. Tatsächlich könntest du, wenn du auf einem Motorrad mit einem Tempomat*) mit 100 km/h auf einem weiten offenen Parkgelände ohne Schlaglöcher fährst, die Hände vom Lenker nehmen, wenn du es erst einmal abgewinkelt hast, und das Motorrad würde in Schräglage in einem Kreis weiterhin seine Runden drehen, bis der Tank leer ist.

Wenn du dich in Kurven festklammerst, leistet du sehr viel überflüssige Arbeit. Huckel und andere Bodenunregelmäßigkeiten können natürlich die Lage ändern, so daß du festhalten mußt, um Lenkkorrekturen vorzunehmen. *Machst du das?*

Enger in die Kurve

Um eine Kurve enger zu nehmen und mehr Schräglage zu haben, mußt du wieder Gegenlenken. Du bist in einer Rechtskurve, aber sie hat einen kleinerwerdenden Radius, und du mußt sie enger nehmen.

---

*) Viele Motorräder in den USA haben eine sog. „cruise control", ein Hebel, mit dem man den Gasgriff in einer bestimmten Stellung halten kann und der sich wieder ausschaltet, wenn man am Gas erneut dreht.

Jetzt mußt du den Lenker wieder nach links ziehen, bis das Motorrad die gewünschte Schräglage hat. Das gleiche gilt in einer Linkskurve. Du mußt rechts ziehen und stärker abwinkeln, um die Kurve enger nehmen zu können.

Damit sich das Motorrad aufrichtet, nachdem du durch die Kurve bist, drück den Lenker in die Kurvenrichtung. Beispiel: Du bist in einer Rechtskurve und willst geradeaus fahren, dreh den Lenker nach rechts, bis das Motorrad geradeaus fährt.

Fahrer haben damit auf schnellen Kurven mit kleinerwerdendem Radius Probleme. Sie kommen in Schwierigkeiten, versuchen dann den Lenker in die Kurvenrichtung zu zwingen. **Die größten Schwierigkeiten, die Fahrer bei Kurven mit kleinerwerdendem Radius haben, bestehen darin, daß sie nicht wissen, wie man lenkt.** Du kannst tatsächlich beobachten, wie Fahrer auf dem Tank hängen, um auf diese Weise mehr Druck auf den Lenker auszuüben und die Kurve zu kriegen. Sie werden steif, wenn das Motorrad weiter zur Außenseite der Kurve fährt und sie glauben macht, sie führen zu schnell. Du kannst ihre Anstrengung sehen und hören, wie sie Gas wegnehmen.

Die meisten Kurven können nicht ohne Fehlerkorrekturen oder Anpassungen an Wölbungs- oder Radiusveränderungen sowie Bodenunregelmäßigkeiten gefahren werden. Ebenso müssen Lenkkorrekturen erfolgen, um eine konstante Radiuslinie durch eine Kurve zu halten, die Veränderungen (Wölbung, Höcker usw.) aufweist. Der größte Teil des Lenkvorgangs geschieht mit dem Lenkwechsel, mit dem du in die Kurve gegangen bist, aber du mußt auch das Motorrad korrigieren können, um Rutschen, Wölbungs-, Radius- oder andere Veränderungen zu kompensieren. **Wenn du die Lenkung in einer Kurve nicht korrigieren kannst, beschränkt es dich zu dem Ansatz: „Eine Linie durch die Kurve."** Deine Geschwindigkeit und dein Fortkommen kann dadurch eingeschränkt werden, wie gut oder schlecht du die Richtung des Motorrads korrigieren kannst. Jede beliebige Linie hat eine Höchstgeschwindigkeit, mit der sie von einem bestimmten Fahrer auf einem bestimmten Motorrad an einem bestimmten Tag gefahren werden kann. *Irgendwelche Überlegungen dazu?*

Entgegengesetzt lenken

Ihrem Wesen nach ist die Motorradlenkung den meisten anderen Formen der Fortbewegung gegenüber umgekehrt. Ein Auto fährt in die Richtung, in die du das Rad drehst, wie die meisten anderen Fahrzeuge auch. Ein Problem, das beim Fahrenlernen auftaucht, rührt von dem grausamen Streich her, den uns unsere Eltern gespielt haben. Sie haben uns ein Dreirad geschenkt, mit dem wir durch die Gegend zuckeln konnten. Ein Dreirad biegt in die Richtung, in die du es steuerst. Als wir zum ersten Mal auf einem Fahrrad saßen, fielen wir runter, und alle sagten, das käme daher, daß wir keine gute Balance hätten. Tatsächlich kam es daher, daß auch Fahrräder gegenlenken.

Balance hatte nichts damit zu tun! Die Verwirrung wird dadurch verursacht, weil ein kleiner Junge erwartet, daß das Fahrrad nach rechts fährt, wenn er nach rechts abbiegt. Schließlich macht er aus bloßem Überlebensinstinkt die Lenkbewegungen, ohne sie zu begreifen, und

Kenny Roberts, der Meister schnellen und genauen Lenkens, setzt zu einer Rechtskurve im „Korkenzieher" an. Achte auf das nach links gegengelenkte Rad.

findet sich 15 Jahre später auf einem Motorrad wieder, ohne zu wissen, was er da gemacht hat, wenn er um Ecken gefahren ist.

Übe Gegenlenken und werde dir des Vorgangs bewußt. Werde dir bewußt, wieviel Aufmerksamkeit es dich kostet, in eine Kurve zu gehen. Sieh zu, ob du dich erinnern kannst, was geschah. Wenn du ein unerwartetes Schlagloch oder einen Stein auf der Straße sahst und versuchtest, dem auszuweichen. **Die meisten Fahrer versuchen in einer Notsituation, das Motorrad in die Richtung zu bringen,** in die sie fahren wollen. Das geht nicht, und sie können sich dabei beobachten, wie sie sehr merkwürdige Dinge treiben, um das Motorrad um die Kurve zu bringen. Rennfahren ist infolge der Geschwindigkeit eine selbstgeschaffene Notlage. Durch Überlegung und Übung kannst du die Menge an Zeit und Aufmerksamkeit, die zum Gegenlenken nötig ist, auf ein akzeptables Niveau senken.

Ich habe unterschiedliche Erklärungen darüber gehört, was beim Gegenlenken geschieht, aber ich habe noch nie auch nur zwei Techniker gehört, die völlig darin übereinstimmten, was physikalisch dabei vor sich geht. Trotzdem sind sich alle darüber einig, daß Gegenlenken zur guten Kontrolle über das Motorrad nötig ist. Beginne mit dem Training und wende Gegenlenken auf dein Fahren an. *Kannst du damit dein Fahren verbessern?*

KAPITEL ZEHN

Slipping und Sliding (Wegschmieren und Rutschen)

Haftung: Wie du sie verlierst und wie du sie nutzt

Mit Slipping und Sliding auf deinem Weg zum Sieg

Heutzutage wird kaum gewonnen, ohne daß man etwas Sliding mit den Reifen einsetzt. Wenn du siegen willst, dann mußt du lernen, wie man das macht.

Den größten einzelnen Durchbruch erfahren die meisten Motorradfahrer, wenn sie feststellen, daß Sliding nicht immer bedeutet, daß sie gleich hinfallen. Den größten einzelnen Rückfall erleben sie, wenn sie sich vom Sliding so faszinieren lassen, daß sie glauben, es wäre ein Selbstzweck. Sie müssen den Zweck erkennen. Sliding ist ein „Werkzeug" und dieses Werkzeug sollte ein nützlicher Teil deiner Fahrweise werden. Der erste Schritt ist der schwerste,

Sliding auf Asphalt kann ablenken, wenn es übertrieben wird, aber es kann sich als nützlich erweisen, wenn es maßvoll eingesetzt wird.

die Entscheidung, daß Sliding richtig sein kann. Wenn du an Sliding nicht gewöhnt bist, dann arbeite jedes Mal ein bißchen daran. Entscheide dich aber jetzt nicht wild dazu und fahr in eine Kurve in der Hoffnung, daß du die überschüssige Geschwindigkeit durch einen Slide in den Griff bekommst. Arbeite dich heran, indem du deine Geschwindigkeit in Kurven langsam erhöhst, bis das Sliding beginnt. Das tritt gewöhnlich erst ein, wenn Fahrer beim Verlassen langsamerer Kurven Gas geben.

Drei Arten von Sliding

Gewöhnlich kommt es beim Rennfahren auf drei Arten zum Sliding:
1. Das Hinterrad beginnt beim Beschleunigen durchzudrehen, und das Hinterteil „kommt rum" oder schert mehr als das Vorderteil aus.
2. Das Vorderrad beginnt „zu stoßen" – es rutscht, das Hinterrad aber nicht.
3. Beide Räder rutschen, oder das Motorrad stempelt seitwärts weg.
Keine dieser Arten des Sliding wird durch Bremsen verursacht, sie entstehen dadurch, daß zu schnell in die Kurve oder durch die Kurve gefahren wird oder dadurch, daß Gas gegeben wird und die Haftung verloren geht. *Ist dir das aufgefallen?*

Überschreiten der Grenzen

Zum Sliding kommt es, weil du die Grenzen der Reifenhaftung unter den gegebenen Umständen überschritten hast. Nicht nur zu hohe Geschwindigkeit oder zu viel Gas sind die Ursachen, warum es zum Sliding kommen kann; es kann auch an schlechtem Straßenbelag oder rauher Fahrweise liegen sowie an einem dürftigen Federungssystem.

Das Hinterteil kann in einer Kurve von ganz allein „rum kommen". Das kann man als eine vierte Art des Sliding ansehen. Oft rühren diese und die anderen Arten davon her, wie der Fahrer die Kurve nimmt, zum Beispiel wenn Gewichtsverlagerung nach vorn oder hinten das betreffende Ende dazu bewegt, auszubrechen. Wenn du zum Beispiel ein bißchen zu schnell in eine Kurve kommst und dann plötzlich das Gas wegnimmst, wird das Vorderteil schwerer als das Hinterteil, was dazu führen kann, daß der Vorderreifen wegrutscht. Das einfachste Mittel dagegen ist ein wenig Gas zu geben. Das trägt dazu bei, daß hinten und vorn das Gewicht ausgeglichen wird. Manche Motorräder sind an einem Ende schwerer als am anderen und neigen dazu, an diesem Ende ins Rutschen zu geraten. Die Straßenoberfläche kann den Ausschlag geben, welches Ende des Motorrads rutscht. Wenn man zum Beispiel über einen Huckel fährt, wird das leichtere Ende ins Rutschen geraten oder auch beide, weil die abwärts wirkende Kraft verringert wird. Üblicherweise jedoch wird das Rad mit zu viel Gewicht zuerst die Haftung verlieren.

Eine weitere Entscheidung

Ich habe nur einmal „high sided".*) Ich versuche, das Sliding beizubehalten und die Maschine durch Lenken aufzurichten. Dann hört es von selbst auf, besonders bei einem Superbike.

Eine weitere Entscheidung muß getroffen werden, wenn du Sliding zu deinem Vorteil ausnutzen willst. **Kommt man mit gutem Drive aus einer Kurve, dann ist das gewöhnlich gleichbedeutend mit etwas Hinterradsliding.** Je stärker du beschleunigst, desto größer ist die Auflage für die Beschleunigung, da die durch die Beschleunigung hervorgerufene Gewichtsverlagerung den Reifen flach drückt und die Kontaktfläche vergrößert. Das ist natürlich nur bis zu einem bestimmten Punkt richtig. Wenn das Rad anfängt, sich zu schnell zu drehen, um Haftung zu bekommen, wird der Reifen sich sehr schnell erhitzen und sehr wenig Haftung bieten. Wenn man es hinkriegt, daß es etwas weniger schnell dreht, kann man mit dem Motorrad auch weiter beschleunigen und so viel Haftung haben, daß es nicht völlig ausbricht. Du kannst sogar das Motorrad vorteilhaft lenken, wenn das Hinterrad etwas rutscht, indem du das Motorrad gegen die Innenseite der Kurve richtest. Das nennt man „mit dem Gas steuern".

Der nächste Schritt für den Fahrer, der das Gefühl hat, er habe den Punkt erreicht, wo er durch ein Ausbrechen in seinem Fahren eingeschränkt wird, besteht darin, das Sliding einzusetzen, um das Motorrad dahin zu lenken, wohin er es haben will. Als Fahrer mußt du mehr entscheiden, wo und wann du Sliding zu deinem Vorteil verwenden kannst als das Motorrad irgendwie ängstlich um die Kurve zu zirkeln, wobei dich die Haftung noch begrenzt. Sliding kostet dich, wie du wahrscheinlich herausfinden wirst, viel von deinen zehn Mark Aufmerksamkeit. **Gewöhn dich erst an Sliding und fang dann an, das Motorrad damit zu lenken.**

Brakeslide

Sliding läßt sich sehr wirkungsvoll einsetzen, wenn man ein bißchen zu schnell in die Kurve gegangen ist. Wenn du genau an diesem Punkt das Motorrad ein bißchen mehr abwinkelst, dann wird es sliden können und die überschüssige Geschwindigkeit wird abgefangen. Du brauchst nicht zu bremsen und läufst dadurch nicht Gefahr, daß das Motorrad unruhig wird; du winkelst es nur etwas mehr ab, fängst etwas von der überschüssigen Geschwindigkeit ab und fährst weiter. Haftung wird in schnellen Kurven auch zu einem Problem, weil mehr Aufmerksamkeit darauf verwendet werden muß. Kurven mittlerer Geschwindigkeit bedrohen den Fahrer weniger, er lernt schnell, daß sich ein kleiner Slide bezahlt machen kann. Fahrer neigen dazu, sich in schnelleren Kurven um die Haftung Gedanken zu machen. In überhöhten Kurven mittlerer Geschwindigkeit wie in Loudon ist ein Slide auch vorherbestimmbarer und weniger aufregend. Wenn der Fahrer „mit dem Gas steuert", kann er das gegen den Abwärtssog an der Überhöhung, der ihn in der Kurve „hält", ausgleichen. **Wenn man Haftung verliert, kann das manchmal vorteilhafter sein, als wenn man sie behält.** *Kann dir das nützen?*

---

*) „High sided" ist ein Ausdruck dafür, wenn bei einem Slide sich die Maschine aufrichtet und zur anderen Seite fällt. Der Fahrer wird dabei durch die Luft zur anderen Seite geschleudert. „Low sided" ist der Fall, in dem das Motorrad zu der Seite fällt, zu der es abgewinkelt ist, vgl. S. 124.

Maßvoller und wirksamer Slide flüssig ausgeführt. Der Slide ist offensichtlich, weil das Vorderrad nicht genügend eingedreht ist, um bei dem Grad an Neigung genügend Haftung zu haben. Beachte: Kenny korrigiert das Sliding mit dem Knie. Diese Technik wird im folgenden Kapitel behandelt.

Eingebaute Sicherheitsventile

Sliding und Slipping mit den Reifen sind eingebaute Sicherheitsventile. Du erfährst, wenn der Reifen seine Grenzen erreicht. Erstklassige Straßen- und Rennreifen werden hergestellt, damit sie sich in diesem Reibungs- und Hitzebereich bewähren. Der Gummiabrieb „ballt sich zusammen" und geht weg, der Reifen bietet der Straßenoberfläche ein neue Gummifläche. Ein Standardstraßenreifen wird gewöhnlich den abgenutzten und unelastischen Gummi nicht schnell genug abstoßen, seine oberen Schichten werden trocken und rutschig. Die Öle, die verwendet werden, um ihn elastisch zu halten, sind aus der oberen Gummischicht „herausgekocht", doch die Schicht haftet noch immer am Reifen. Wenn du deine Rennreifen nicht kontrolliert rutschen läßt, fährst du wirklich unterhalb der Möglichkeiten, die deine Reifen dir bieten.

Für deinen Selbstunterricht empfehle ich, eine Reifen- und Felgenkombination zu verwenden, mit der du nach dem Stand deines fahrerischen Könnens mit dem Motorrad sliden kannst. **Wenn du Rennreifen kaufst, die über dein Fahrkönnen hinausgehen, dann wirst du nicht herausfinden können, wie Reifen in ihrem Grenzbereich reagieren.** Anfänger lernen mehr über Fahren mit einem Paar Dunlop K-81 (bei denen man eher merkt, wenn sie anfangen zu rutschen), die zu ihrer Yamaha TZ 250 passen, als wenn sie ein Paar Superslicks montieren. Das gilt auch für andere Motorräder. Wenn du daran gewöhnt bist, mit klebrigen Reifen zu fahren, aber nicht herausgefunden hast, wo ihre Grenzen sind, montiere ein Paar Reifen, mit denen du am Sliding arbeiten kannst.

Die anderen Arten des Sliding sollten in der gleichen Weise angegangen werden. Stell fest, was Sliding bedeutet, dann wird es dich nicht überraschen, wenn es eintritt. Damit wirst du dein Fahren verbessern, da ein Slide zu viel von deiner Aufmerksamkeit beansprucht, wenn dir dabei nicht wohl zumute ist. Wenn du erst einmal Sliding unter Kontrolle gebracht hast wie irgend einen anderen Teil des Rennfahrens, dann wirst du es als ein nützliches Hilfsmittel einsetzen. *Wird es klappen?*

Auf kleinen GP-Motorrädern kannst du mit so viel Sliding ohne Schaden davon kommen, wie du das auf keinem Superbike kannst.

KAPITEL ELF

Hanging off (Raushängen)
Es sieht gut aus und es funktioniert

Es hat nicht den Anschein, als ob du schnell fährst, wenn du dich raushängst.

Nichts hat das Fotografieren von Straßenrennen innerhalb der letzten acht Jahre mehr verändert als die Praxis und Technik des Hanging off*) oder Raushängens. Mit dem Knie über den Asphalt zu schleifen ist die aufregendste Pose, auf die sich Fahrer aller Art je eingelassen haben. Zuschauer erstarren vor Ehrfurcht, und die Fahrer sind erst zufrieden, wenn sie es können. Sowohl die Canyon- als auch Cafe Racer werden sich wahrscheinlich ihr erstes Paar Modejeans, mit dem sie beim Raushängen über den Asphalt schleifen, in Plastik gießen lassen.

Jarno Saarinen war der erste Fahrer, der aufregendes Fahren mit ausgewinkeltem Knie zur Schau gestellt hat. Bevor er zum Straßenrennen gekommen ist, ist er Eisspeedway gefahren, und da ist Schleifen mit dem Knie sowohl Teil des Stils als auch die einzige Möglichkeit, ernsthaft konkurrenzfähig zu sein. Saarinen war der Pionier, Kenny Roberts hat es perfektioniert und jeder, der erfolgreich Rennen fährt, hat das Schleifen mit dem Knie von sich aus angenommen.

Die wahren Gründe

Abgesehen von den großartigen fotografischen Möglichkeiten gibt es echte Gründe dafür, warum man einen Körperteil raushängen läßt, der von einem dermaßen schwachen Knochen bedeckt ist, daß er mit einem Schlag von 40 Pfund Gewicht brechen kann. **Der nächstliegende und nützlichste Grund für ein Hanging off ist dieser:** du verlagerst dein Körpergewicht vom oberen Teil des Motorrades nach unten und weiter nach innen. Das ändert sich in dem Maße, wie dein Gewicht das Motorrad beeinflußt, wenn die Fliehkraft anfängt, es an den Außenrand der Kurve zu tragen. Wenn sich der Schwerpunkt weiter oben befindet, gibt es den Kurvenkräften einen Hebel, mit denen sie arbeiten können. Um Fliehkraft zu überwinden, muß das Motorrad in die Kurve gelegt werden. Je größer die Kraft, desto mehr mußt du es hineinlegen, um

---

*) „Hanging off" ist ein Ausdruck für die Gewichtsverlagerung auf dem Motorrad durch Herausstrecken des Knies und Veränderung der Sitzposition, um schneller durch eine Kurve zu kommen, ohne über die Haftgrenze der Reifen in Schräglage zu geraten.

sie zu überwinden. Beim Hanging off verlagerst du dein Gewicht zur Innenseite des Motorrads und tiefer zur Bodennähe und läßt den Kräften weniger Hebelwirkung. Das schwächt die Kraft nicht, es verringert nur ihre Wirkung. Jetzt braucht das Motorrad nicht so weit abgewinkelt zu werden, um denselben Kurvenradius zu halten, und kann schneller fahren, ohne daß die Schräglage vergrößert werden muß. Selbst wenn du mit derselben Geschwindigkeit wie ein aufrecht sitzender Fahrer durch die Kurve fährst, kannst du früher beschleunigen als er, weil dein aufrechter fahrendes Motorrad mehr Kontakt zur Straße hat. Das kann ein außerordentlicher Vorteil sein.

Vergiß nicht: **Wenn du deine Geschwindigkeit in einer Kurve steigerst, verkleinert das den Kurvenradius merklich.**

Beachte: Es sind noch andere Ansichten vertreten worden, warum Hanging off etwas einbringt. Die physikalischen Gesetze müssen etwas damit zu tun haben, aber meine Kenntnisse von Physik sind beschränkt. Manch einer argumentiert sogar, daß kein wirklicher Vorteil damit verbunden ist, und zitiert Fahrerbeispiele aus der Vergangenheit wie Mike Hailwood, der Hanging off nicht praktizierte. Das mußt du für dich selbst ausprobieren und herausfinden, ob es von Vorteil ist oder nicht.

Die Theorie von der Hebelwirkung. Danach neigt eine hohe Masse in einer Kurve bei derselben Geschwindigkeit dazu, einen größeren Bogen zu beschreiben als eine niedrigere. Ob das nun stimmt oder auch nicht, jeder der heutzutage an Wettbewerben teilnimmt, praktiziert **Hanging off.** *Hast du es je versucht?*

Ein weiterer Vorteil

Wieviel Windwiderstand schafft ein Bein, wenn es bei 240 km/h seitlich am Motorrad heraushängt? Bei 160 km/h oder auch bei 100 km/h? Mit diesem zusätzlichen „Segel" an einer Seite, ist es leichter, in dieser Richtung in die Kurve zu gehen. **Mit ausgestelltem Knie kannst du schneller und leichter einen Lenkwechsel machen, weil das Motorrad und du um den sich bietenden Widerstandspunkt herumgedrückt werden.**

Für die Kladde

Diese Wirkung des Raushängens habe ich zum ersten Mal in Daytona beobachtet, als ich 1977 versucht habe, den Geschwindigkeitsrekord für 750-ccm-Maschinen über 24 Stunden aufzustellen. Wir fuhren auf Kawasaki-KZ650-Straßenmaschinen mit großen Benzintanks und Rennreifen immer und immer wieder das äußere überhöhte Dreier-Oval von Daytona. Wenn man von der Überhöhung auf die ebenen Geraden kam, wurde das Lenken schwer, weil die Fliehkraft versuchte, das Motorrad nach außen gegen die Wand zu drücken. Wir fuhren ständig mit einer Geschwindigkeit von ca. 180 km/h. Wie du dir wohl vorstellen kannst, war es ziemlich langweilig, stundenlang fast immer mit Vollgas herumzufahren, wobei der Wind an dir herumzerrte und versuchte, dir den Helm vom Kopf zu ziehen. Ich habe noch immer die Striemen an meinem Unterkiefer vom Helmverschluß. Aus lauter Langeweile heraus fing ich an zu experimentieren und fand heraus, daß das Lenken beträchtlich leichter wurde, wenn ich in dem Augenblick, wo ich einen ziemlich scharfen Lenkwechsel beim Verlassen der Überhöhung vornahm, ein Knie hinausstreckte, und zwar ungefähr um ein Drittel. Die Rekorde wurden aufgestellt, der Champagner war großartig, und ich hatte etwas Neues hinzugelernt.

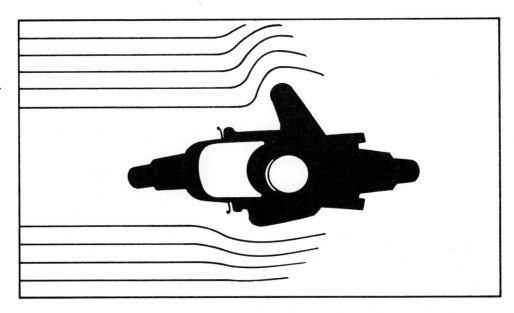

Ein rausgestrecktes Knie bietet genügend Luftwiderstand, um Lenken leichter zu machen, und das besonders auf Hochgeschwindigkeitsabschnitten der Strecke.

Zweiter Vorteil

Der zweite Vorteil, wenn man ein Knie rausstreckt, besteht darin, daß **Lenken leichter wird, wenn Motorrad und Fahrer sich um den durch das hinausgestreckte Bein ergebenden Widerstand drehen.** Wenn man das Motorrad in S-Kurven oder einer beliebigen Kurvenfolge von einer Seite zur anderen wirft, ist das viel leichter, wenn man es so macht, daß das Knie kurz vor dem Lenkwechsel rausgestreckt wird. Das gilt auch für einzelne Kurven. Der Zusammenhang ist offenkundig, du bietest mehr Windwiderstand, und das Motorrad verlangsamt sich etwas. Vergiß nicht: benutze diese Technik als Hilfsmittel; häng dich raus, wenn du es brauchst, und laß es sein, wenn es überflüssig ist. Das gilt in besonderem Maße für kleinere oder schwache Maschinen. Mach es nur, wenn dadurch das Lenken leichter wird.

Dritter Vorteil

Der dritte Grund, warum man sich raushängt, hat etwas mit der Schräglage zu tun. Die Schräglage ist ein Hinweis darauf, wie schnell du fahren und wieviel Haftung du von den Reifen erwarten kannst. Sie macht dir klar, wo du in dem heiklen Gleichgewicht von Schräglage, Lenken, Haftung und Geschwindigkeit dich befindest. Dein Knie ist ein empfindliches und kostbares Instrument. Deine Sache ist es, festzustellen, wie weit es von der Straßenoberfläche entfernt ist.

Die Fühllehre Knie

Das Knie ist eine unglaublich akkurate Fühllehre für Schräglagen, vorausgesetzt du bringst es jedes Mal in die gleiche Position. Um das zu machen, muß dein Körper jedes Mal in der gleichen Position auf dem Motorrad sein. Die Stellung kann von Kurve zu Kurve wechseln, aber in einer bestimmten Kurve sollte sie jedes Mal die gleiche sein. Dann

Die Technik, mit dem Knie zu schleifen ist ein ausgezeichneter „Bordsteinfühler" oder eine Fühllehre, mit der du von Runde zu Runde deine Schräglage bestimmen kannst.

kannst du den Abstand vom Boden zum Messen benutzen: „Bei der ersten Runde war ich so weit draußen, und das war o.k., das nächste Mal kann ich also in dieser Kurve ein bißchen schneller sein." Das Knie braucht nicht den ganzen Weg durch die Kurve zu schleifen. Ab und zu kannst du es weglassen, um dann deine Schräglage zu „mustern".
Meinst du, daraus kann was werden?

Wie du aussiehst und dich fühlst

Es gibt drei gute Gründe, warum man die Kunst des Hanging off meistern sollte, und vier, wenn du die großartigen fotografischen Möglichkeiten mitzählst. Jetzt kommen wir zum fünften Grund: **Mit dem Knie schleifen gibt dir ein Gefühl von Sicherheit.** Eigenartig, wie das funktioniert, und ich verstehe es auch nicht ganz, aber irgendwie wird das Runterfallen scheinbar weniger gefährlich, wenn man der Straßenoberfläche näher ist. Vielleicht liegt es auch daran, daß man mit dem Feind bereits Kontakt aufgenommen hat und weiß, wo er steckt. Hinfallen tut nicht weh, wenn du nur ein paar cm über dem Erdboden bist. Natürlich berücksichtige ich dabei nicht die Geschwindigkeit, sondern nur den Sturz.

Ein Sturz vom Sitz runter ist sehr viel länger, und dieser zusätzliche Abstand könnte der Anfang eines schmerzhaften Aufpralls sein. Meistens verletzt man sich nicht, wenn man Platz zum Rutschen hat, es sei denn, es kommen Aufprall und Saltos dazu. Du mußt selbst entscheiden, ob es „sicherer" ist oder nicht, jedenfalls fühlt man sich sicherer.

Sechster Vorteil

Vielleicht glaubst du das nicht, aber Fahrer haben sich selbst vor Stürzen bewahrt, weil sie mit dem Knie das Motorrad wieder aufrichten konnten, nachdem es angefangen hatte, wegzuschmieren. Einer meiner Freunde stieß doch ein Motorrad tatsächlich mit dem Ellenbogen wieder zurück auf die Räder und fuhr dann weiter.

Du wirst verstehen, wie das funktioniert, wenn du den Gewichtsanteil in Betracht ziehst, der in dem Augenblick, da das Knie den Boden berührt und abstößt, dem Motorrad abgenommen wird. Jedenfalls hat diese Taktik funktioniert und wird zweifellos weiterhin funktionieren. In einem Fortgeschrittenen-Kurs an der California Superbike School, wo Eddie Lawson als Gast unterrichtete, wurde er gebeten, dazu seine Meinung zu sagen. Auf die Frage: „Wie oft wenden Sie diese Technik an?" antwortete Lawson: „Ungefähr einmal pro Runde." Dabei mag ein gewisses Maß an Heldentum eine Rolle spielen, und bestimmt werden fünf oder mehr Schichten Tesaband dazu beitragen, daß dein Lederzeug und deine Knie manierlich aussehen.

Wenn man das Knie als Anti-Sliding-Mittel oder als Hilfsmittel dazu verwendet, dann muß man auch berücksichtigen, wo es in einer bestimmten Kurve zum Slide kommt. Ein immer wiederkehrender Slide in einer bestimmten Kurve wird zu einem Punkt für das Timing (POT). „O.k., das Motorrad rutscht hier jedes Mal, weil hier ein Huckel ist, der das Rad entlastet, wenn ich Gas gebe." Na schön, da ist nichts weiter dran, du machst es zu einem Bestandteil deines Plans für diese Kurve. Wenn du nun aber bei jeder Kurve eines 20-Runden-Rennens dein Knie fest auf den Asphalt gedrückt läßt, dann wirst du bald kein Tesaband mehr haben und dein Lederzeug oder Knie in Mitleidenschaft ziehen. So geht das nicht. Besser ist: Du machst dich mit der Stelle auf der Strecke wirklich gut vertraut, sie wird dein POT, und du hängst das gute alte Knie kurz vor dem Slide raus. Wenn du an der Stelle vorbei bist, entlastet du das Knie und sparst Tesaband. Wenn du andererseits darauf wartest, daß das Rad in jeder Runde slidet und du dann das Knie raushängst, wirst du jedes Mal in eine kleinere Panik geraten. Panikzustände kommen dich teuer zu stehen.

Und das hast du gemacht, um die Situation in den Griff zu bekommen:

1. Du hast einen OP gefunden, der dir sagt, daß du dich der Slidezone näherst.

2. Du hast dir ausgerechnet, wo du dein Knie runterdrücken mußt. Das ist dein POT.

3. Du hast dir ausgerechnet, wo du am Ende der Slidezone dein Knie wieder einziehst. Das ist ein weiterer POT.

4. Du hast aus dem Driften oder Sliding einen vorhersehbaren Teil der Kurve gemacht.

5. Du hast viele Mark an Aufmerksamkeit gespart, die du zur Einschätzung der Geschwindigkeit, zur Korrektur deiner Linie, zum Überholen, zur Kontrolle über das Gas, zur Berechnung eines besseren Plans, zur Erlangung eines besseren Drives usw. usw. verwenden kannst. *Geht das?*

Das Knie ist draußen und bereit, ein Sliding zu korrigieren, sollte es auftreten.

Bleib locker

Sei nicht verkrampft beim Hanging off! Sei entspannt und nimm die Position ein, die du normalerweise bei diesem Manöver hast. Du mußt so entspannt wie möglich sein, damit du auf dem Motorrad nicht zu einem auf- und abschaukelnden Mehlsack wirst, wie ein Sozius, der sich nicht entspannen kann. Wenn du auf ein holperiges Straßenstück kommst oder ruppig fährst, schaukelt das Motorrad auf und ab. Wenn du locker bist, wirst du dich mit ihm auf- und abbewegen. Wenn du steif bist, wird sich erst das Motorrad in Bewegung versetzen, dann du, dann wieder das Motorrad, und alles fängt an zu wackeln.

Nimm nicht den Lenker, um dein Gewicht abzustützen, wenn du dich runterhängen läßt. Davon gehen Impulse auf die Lenkung aus, und das

Mach's dir lieber bequem, anstatt stilvoll zu sein.

kann zum Aufschaukeln führen. Benutze deine Beine, um von einer Seite des Motorrads auf die andere zu kommen und stütz dich auf dein Bein an der Außenseite. Dann entspann dich.

Du wirst auf den Fotos gut aussehen.

Beachte: Viele Fahrer haben festgestellt, daß ein bißchen Talkum auf dem Sitz zweckmäßig ist, wenn man von einer Seite auf die andere rutscht. *Bringt dir das was?*

Beachte:

Wenn dir Hanging off nicht liegt, laß es sein. Du kannst viel Zeit und Mühe darauf verwenden, etwas auszuführen, was du gar nicht brauchst. Nutze Hanging off als Hilfsmittel. Wenn du anzufangen glaubst, beim Kurvenfahren Probleme mit der Bodenfreiheit zu haben oder irgendwelche andere Probleme, dann kannst du dagegen etwas tun, indem du dich raushängen läßt, und dann tu es auch.

Zum Stil eines Fahrers gehört, wie gut er jede Einzelheit des Fahrens beherrscht. Alles, was er kann und alles, was ihm kein gutes Gefühl gibt, kommt darin zusammen. Hanging off kann unter Umständen Teil deines gesamten fahrerischen Könnens sein oder auch nicht, vielleicht jetzt noch nicht.

Der Stil eines Fahrers sagt sehr viel über ihn aus. Zum Beispiel kennt ein Fahrer die Strecke genau, wenn er auf schnellen und komplizierten Abschnitten hinter der Verkleidung und flach auf seinem Motorrad bleibt. Er hat OPs, Punkte für das Timing und andere Faktoren im Griff. Der Fahrer, der das nicht so macht, kommt hinter der Verkleidung vor, setzt sich aufrecht und versucht herauszufinden, wohin er fährt.

Stil beruht darauf, wie der Fahrer seine 10 Mark Aufmerksamkeit anlegt. Wenn du dich ohne Grund irgendeinem Stil anpaßt, wird dich das viel kosten.

Häng dich nicht raus, wenn du nicht mußt.

NOTIZEN

KAPITEL ZWÖLF

Überholen

An wem bin ich da gerade vorbeigefahren?

Manchmal ist es leichter, einen Fahrer, mit dem du ein Rennen fährst und der dir im Können gleich oder ähnlich ist, zu überholen als überrundete oder langsamere Fahrer. Der Fahrer deines Niveaus ist lange genug da, daß du einige Aspekte seines Fahrstils zur Kenntnis nehmen kannst, wohingegen der langsamere Fahrer ein neuer und unbeobachteter Gegenstand ist. Sehr oft wirst du diese Fahrer leid, ganz einfach weil sie eine Runde hinter dir liegen. Du fragst dich, ob sie überhaupt wissen, was los ist.

Das Thema Überholen kommt oft in Anfängerdiskussionen auf. Es ist bestimmt eine der Fertigkeiten beim Rennfahren, die nur wenige beherrschen, selbst unter Spitzenfahrern. Die Grundregeln des Überholens und des Verfolgens werden dein Verständnis der damit verbundenen Aktionen erweitern:

Grundregeln des Überholens

1. **Motorräder driften zur Außenseite der Strecke, wenn sie zu Boden gehen, und so geht es auch den Fahrern.** Wenn du unmittelbar hinter einem Fahrer bist, und er verliert die Kontrolle und stürzt, dann ist es nahezu unmöglich, daß du auf ihn auffährst. **Bis du zu der Stelle kommst, an der er geflogen ist, wird er nicht mehr da sein.** Verkleidung und Seitendeckel aus Aluminium haben wenig Haftung, so daß das Motorrad schnell nach außen getragen wird, wenn es erst einmal zu Boden gegangen ist.

Wenn du an der Innenseite der Strecke neben einem Fahrer bist, und er fällt, fährst du nicht auf ihn drauf. Die einzige Ausnahme sind Steilkurven wie in Daytona. Dort ist die Überhöhung so steil, daß die rutschende Maschine und ihr Fahrer eine gewisse Strecke ziemlich geradeaus schleudern und dann nach unten zur Innenseite der Kurve ihre Flugbahn fortsetzen. Rad und Fahrer fallen buchstäblich aus der Höhe, weil die Kurvenkraft sie nicht mehr auf der Überhöhung hält. Weniger überhöhte Kurven haben eine ähnliche, aber irgendwie weniger dramatische Tendenz dazu, das gleiche zu tun.

Überholen auf der Außenseite ist mit größerer Gefahr verbunden, weil man bei diesem Manöver auf die Bahn eines gestürzten Fahrers oder seiner Maschine kommen kann, wenn diese nach außen schleudert.

2. Oft sind Unfälle zweier Fahrer das Ergebnis davon, daß der erste zu Boden muß und der ihm nachfolgende ebenfalls stürzt, weil er den Sturz des ersten verfolgt. Das ist ein konkretes Beispiel für die alte Regel: „Du fährst, wohin du schaust."

Es ist sehr verwirrend, wenn jemand vor dir stürzt und es möglicherweise für dich gefährlich werden kann. All zu oft beobachtet der folgende Fahrer den gestürzten und geht mit ihm zu Boden. Vielleicht weil die „Fahrt" des Gestürzten jetzt sehr viel interessanter ist, vielleicht ist es auch die Gefahr. Es kann auch ganz einfach krankhafte Neigung sein. Was immer der Grund auch sein mag, die Lösung ist einfach: nicht zu dem gestürzten Fahrer hinsehen. Fahr weiter dahin, wohin du ursprünglich fahren wolltest, und die Wahrscheinlichkeit ist gering, daß du mit ihm ins Gehege kommst.

Schau dahin, wohin du fahren willst, nicht nach dem Fahrer, den du gerade überholen willst. Die Aufmerksamkeit, die du ihm widmest, ist genau die, die du brauchst, um an ihm vorbeizukommen.

3. Wenn du dich darauf einläßt, den Fahrer vor dir zu beobachten, dann wird Überholen sehr schwierig. Richte deine Aufmerksamkeit auf diesen Fahrer und du richtest sie nicht dahin, wohin du fahren willst – dein 10-Mark-Schein ist nicht mehr geworden.

Und weiter, wenn du nach einem anderen Fahrer schaust, dann benutzt du ihn als einen OP und siehst nicht nach den OPs, von denen du weißt, daß sie dich durch die Kurve führen. Du verfährst dich.

Hier sind ein paar Ratschläge und ein Beispiel für Fahren im Pulk von drei amerikanischen Meistern: Kenny Roberts, Eddie Lawson und Mike Baldwin. Ich habe jeden von ihnen nahezu perfekte Runden in einem sehr dichten Pulk fahren sehen, nur Zehntelsekunden langsamer als ihre besten Rundenzeiten.

Die Kerle kommen in Schwierigkeiten, wenn sie den Fahrer vor sich beobachten. Du kriegst schon mit, daß sie da sind, aber du siehst auf die Strecke.

Baldwin sagt, er behandele langsamere Fahrer wie Bäume im Wald. Er betrachtet sie als feststehende Gegenstände, an denen er vorbeifährt.

Lawson meint, richtig sei es, wenn man nicht nach dem führenden Fahrer schaut.

Nach Kenny Roberts' unglaublicher Eröffnungsrunde in Sears Point, wo er sich vom 23. auf den 6. Platz auf einer Rennstrecke vorarbeitete, die eigentlich nicht eine einzige Gerade hat, machte sich niemand die Mühe, ihn zu fragen. Offensichtlich hatte er nicht das Gefühl, daß es da sonst noch irgend jemanden gab.

4. Wenn du anderen Fahrern folgst, kannst du die Strecke kennenlernen, wenn sie dir noch nicht klar ist. Wenn du ihnen zu dicht folgst, kann darin eine Gefahr liegen, aber in bequemem Abstand kann das deine eigene Beherrschung einer Kurve verbessern. Wenn ein Fahrer dir vorausfährt, ist er für dich ein „rollender OP".

Nehmen wir einmal an, ein anderer Fahrer ist dir um 10 bis 40 m voraus. Wenn die Streckenoberfläche schlecht zu sehen ist, weil es Höhenunterschiede oder Radiusveränderungen gibt, dann kannst du dich über den Verlauf der Strecke am Beispiel des anderen Fahrers orientieren. So lange er auf der Strecke bleibt, kannst du aus seiner Gegenwart schließen, daß es vor dir noch Asphalt gibt. Du bekommst dadurch ein besseres Bild dessen, was du nicht sehen kannst. Wenn du dichter auffährst, mußt du ihn als OP aufgeben und deine Aufmerksamkeit deinem eigenen Produkt, Zwischenprodukt oder deinen OPs widmen. *Leuchtet dir das ein?*

Überholzeichen

In Kalifornien ist es gesetzlich zulässig, zwischen den Fahrstreifen zu fahren – auf einer Autobahn zwischen den Wagenkolonnen durchzufahren. Aus dieser Praxis heraus haben Fahrer in Kalifornien gelernt, daß der Autofahrer immer etwas unternimmt, bevor er den Fahrstreifen wechselt. Es kann ein Blick in den Spiegel sein, eine Kopfbewegung, eine Bewegung mit der Schulter, ein schneller Blick nach hinten oder eine Änderung der Handhaltung am Lenkrad. Beim Rennfahren macht ein Fahrer oft eine Bewegung, gewöhnlich mit dem Kopf, kurz bevor er die Richtung ändert. Das stimmt zwar nicht immer, und es ist auch nicht so 100prozentig sicher, wie es bei Autofahrern zu sein scheint, aber es kommt vor, und du kannst es verwerten, wenn du dessen gewahr wirst.

Deine Fähigkeit, die Linie des anderen Fahrers zu „lesen" und wohin sie ihn bringen wird, hat sehr viel mit Überholen zu tun. Ein Fahrer, der seine Maschine bis zur Grenze abgewinkelt hat, wird wahrscheinlich keine radikalen Bewegungen zur Innenseite der Strecke ausführen. Seine Fahrlinie ist ziemlich gut festgelegt. Du mußt seine Linie abschätzen können, feststellen, wohin sie ihn führen wird und entscheiden, ob du ihn überholen kannst.

Zu entscheiden, wieviel Raum du brauchst, um zu überholen, ist nicht ganz so schwierig. **Man braucht nicht mehr als die Breite einer Tür, um einen anderen Fahrer zu überholen.** Wenn du so viel Platz siehst, kannst du durchkommen. *Hilft dir das?*

Grundregeln finden Anwendung

Beim Überholen sind die Grundregeln des Fahrens immer noch gültig. Du mußt deine Aufmerksamkeit darauf verwenden, über die Rennstrecke zu kommen, nicht auf andere Fahrer. Deine OPs, Zwischenprodukte, Produkte, was du machst, Timing und die Fähigkeit, dich auf die Strecke zu konzentrieren, werden die entscheidenden Faktoren dafür sein, wer die Ziellinie als erster passiert.

Die Breite einer üblichen Tür ist der ganze Platz, den du zum Überholen brauchst.

Diese Folge stellt den Zeitraum von zwei Sekunden dar. Ein gut ausgeführtes Überholmanöver vom Ansatz bis zur Ausführung.

KAPITEL DREIZEHN

Selbstkontrolle
Doch, Hausaufgaben müssen sein

Damit du dein Rennfahrprogramm überprüfen kannst, solltest du genau Buch führen und an einzelnen Aspekten arbeiten, jedesmal, wenn du auf die Strecke gehst. Auf diese Weise machst du das Beste aus deiner Zeit, der teuren Streckenzeit und aus deinem Motorrad.

Führe Buch über deine Rundenzeiten

Absolut vorrangig und notwendig ist die Buchführung der Rundenzeiten. **Rundenzeiten zeigen dir deine grundlegenden Verbesserungen von Runde zu Runde und von Rennen zu Rennen an.** Rundenzeiten zeigen dir direkt an, was dir deine Bemühungen an Verbesserung einbringen. Wenn du etwas Neues versuchst, dann sind Rundenzeiten der narrensicherste Weg, die Spreu vom Weizen zu trennen, was funktioniert und was nicht.

Akkurate Buchführung ist nichts anderes als ein Fahrtentagebuch zu führen. Beschließe, woran du arbeiten willst, und mach eine Notiz dazu in deinem Buch. **Geh mit einem Plan auf die Rennstrecke.** Dieser Plan sollte alle Kenntnisse umfassen, die du bei früheren Runden dort erworben hast. Wenn du die Strecke zuvor nicht gefahren bist, fang von vorn an, lern den Kurs mit allen seinen Besonderheiten kennen. Du kannst auch mit dem Anfang dieses Buches beginnen und die Strecke durchgehen und an allen Punkten arbeiten, die in jedem Kapitel behandelt sind. Beachte die Anlage der Strecke selbst, was für **Produkte** du wahrscheinlich für jede Kurve oder jeden Streckenabschnitt haben wirst, notiere dir, was du da überall machst, was für **Orientierungspunkte** du wahrscheinlich verwenden wirst oder dir zur Verfügung stehen werden, wie dein Timing auf jedem Abschnitt funktioniert, aufgrund welcher Entscheidungen du vorgehst, wo die Hemmschwellen sind und wie du mit ihnen umzugehen hast. Sieh zu, was du machen kannst, damit dein Bremsen und Schalten mehr Glanz bekommt, oder wie bewußteres Lenken deinen Weg über den Kurs erleichtern könnte. *Stimmst du zu?*

Verbessere Problemzonen

Pick dir deine Problemzonen heraus und versuche, sie zu verbessern; laß deine starken Seiten für den Augenblick einmal beiseite. Wenn du deine Fortschritte auf der Strecke überprüfen willst, dann nimm dir zwei Stoppuhren und jemanden, der die Zeit nimmt. Das hilft dir, die Zonen einzuengen, an denen du arbeitest, so daß du sehen kannst, ob du auf einem bestimmten Abschnitt Zeit gewinnst oder verlierst. Der Zeitnehmer sollte so stehen, daß er die ganze Strecke überblicken kann oder wenigstens den größten Teil. Die Stoppuhren sollten von der Art sein, daß sie jede Runde aufnehmen können; du kannst auch zwei oder drei normale Stoppuhren nehmen, mit denen man nur jede zweite Runde timen kann.

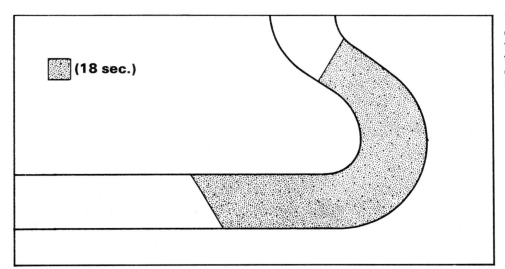

Wenn du die Strecke in drei oder mehr Abschnitte für eine Zeitnahme aufteilst, dann macht das deine Verbesserung räumlich bestimmbarer.

Teil die Strecke auf

Teil die Strecke in Abschnitte auf und nimm die Zeit für jeden Abschnitt einzeln. Du kannst zum Beispiel deinen Zeitnehmer von der Start- und Ziellinie bis zur dritten Kurve stoppen lassen, von der dritten bis zur sechsten Kurve, dann von der sechsten wieder bis zur Start- und Ziellinie. Der Zeitnehmer hält deine Zeiten für jeden Abschnitt fest, außerdem die Gesamtrundenzeit. Jetzt weißt du genau, <u>wo</u> es noch einiger Arbeit bedarf. Ich habe zum Beispiel Wayne Rainey, der früher ein Dirt Tracker in der C-Klasse war, gesehen, wie er auf einer gewöhnlichen Kawasaki KZ 750, wie man sie in jedem Laden kaufen kann, über einen Streckenabschnitt mit engen Kurven vom Willow Springs Raceway (von der dritten bis zur sechsten Kurve) schneller als nationale Spitzenfahrer auf ihren Superbikes gefahren ist! Raineys Motorrad war mit Straßen-Dunlops ausgerüstet, und die Superbikes fuhren auf Slicks mit breiten Felgen, dazu hatten sie noch beträchtlich mehr Bodenfreiheit.

Wenn du auch noch die Zeit deiner Konkurrenten festhalten und dabei herausfinden kannst, wo sie dir gegenüber Zeit gutmachen, dann weißt du auch, wo du noch Zeit aufholen mußt. Begrenzt bist du nur durch die Anzahl der Stoppuhren und der Zeitnehmer. Das ist eine wertvolle Grundkenntnis, mit der du etwas anfangen kannst und über die du nachdenken kannst. *Sollte man das nicht ausprobieren?*

Befaß dich immer nur mit einer Sache auf einmal

Ich mag die langgezogenen, schnellen Kurven. Manchmal fahren die Jungs, die ich überrunde, in den langsamen schneller als ich.

Wenn du dich selbst überprüfst, tu das in der Absicht, eine Kurve oder einen Aspekt aller Kurven zu verbessern, zum Beispiel Bremsen, Orientierungspunkte oder Punkte für das Timing. Wenn du das machst, ändere nichts an den anderen Dingen. Laß die übrige Strecke und was du da machst unverändert. Denn so machst du dir ein besseres Bild vom Ergebnis.

Du kannst an unendlich viele Dinge denken, wenn du draußen auf der Strecke bist, doch halt dich an deinen Plan und arbeite nur an dem, was du von Anfang an beabsichtigt hast. Du kannst auch versuchen, nichts zu machen. Hausaufgaben machen nicht immer Spaß. Wenn du Zeit hast, fahr ein paar Runden einfach so. Konzentriere dich auf keinerlei Verbesserungen. Allenfalls versuch, dich mehr zu entspannen und auf deine Atmung zu achten. Oft habe ich bei Fahrern, die nur mal ein paar Runden zum Spaß drehen sollten, gesehen, wie sie hinsichtlich ihrer Rundenzeiten große Fortschritte gemacht haben. In dieser Zeit kannst du alles, woran du gearbeitet hast, in ruhiges und fließendes Fahren einbauen. Du gehst raus und fährst gerade so, wie du es verstehst.

Fahr schneller

Freddie (Spencer) hat keine Angst, aus langsamen Kurven zu kommen.

Die meisten Fahrer versuchen, jedes Mal, wenn sie auf der Strecke sind, schneller zu fahren. Das ist ein komplette Entscheidung für sich und sollte dem Rennen vorbehalten bleiben oder wenn du über die Strecke schon sehr viel nachgedacht hast. Wenn du erst einmal den langweiligen Teil mit Gucken und Experimentieren hinter dich gebracht hast, um zu sehen, was funktioniert, dann bist du mit genügend Kenntnissen ausgerüstet, um die Entscheidung treffen zu können, daß schnelleres Fahren auch wirklich klappt. **Wenn du nicht die Probleme deiner Hemmschwellen und der unebenen Stellen auf der Strecke gelöst hast, machst du bei höherer Geschwindigkeit nur Fehler.** Viele gute Fahrer haben es sehr oft gesagt: **„Mach's erst richtig, dann erhöhe die Geschwindigkeit."** „Richtig" ist, was sich für dich am besten auswirkt und mit dem du die besten Rundenzeiten erzielst. Mach deinen Plan, dann erhöhe die Geschwindigkeit. Das ist dein Ausgangspunkt.
Kannst du das anwenden?

Training = Information = Denken

Bring aus jedem Training Kenntnisse mit, über die du nachdenken kannst. Ob du nun an irgendeinem Aspekt deines Rennfahrens arbeitest oder nur eine entspannte Fahrt machst, immer hast du eine feste Vorstellung davon, was auf den abgefahrenen Runden vor sich gegangen ist. **Wenn es dir schwerfällt, dich daran zu erinnern, was du eben gemacht hast, dann ist deine Aufmerksamkeit von etwas so sehr in Anspruch genommen, daß du nicht genügend übrig hast, um dich selbst zu beobachten.** Das kommt öfter vor, als uns lieb ist, und es macht es schwierig, vernünftig vorzugehen. Wenn du dich nicht erinnern kannst, dann sind deine kostbaren 10 Mark dermaßen für etwas anderes draufgegangen, daß du nur Zeit hast, das Motorrad richtig zu bedienen. Da bleibt dir keine Zeit zum Begreifen, und du hast es schwer zu bestimmen, was nun hinhaut und was nicht.

Verschwende Papier und nicht Streckenzeit

Papier ist billig, verwende es, um Zeichnungen von den Kurven anzufertigen und um dir selbst zu zeigen, was du in ihnen machst. Zeichne Kreuze und Kringel ein, die anzeigen, wo sich OPs, POTs, Produkte befinden, sowie deinen Schlachtplan, mit dem du schneller um den Kurs kommst. Zeichne immer nur eine Kurve auf einmal, es sei denn, du hast es mit S-Kurven zu tun.

Mach deine eigenen Zeichnungen, verwende keine Streckenkarten. <u>Wie die Kurve für dich aussieht</u>, zählt. Streckenkarten taugen dazu, den Zuschauern den Weg zu den Tribünen zu zeigen, aber sie enthalten keine Änderungen der Neigungswinkel, Unebenheiten, keine genauen Ortsangaben, wo es bergauf oder bergab geht usw.

Streckenzeichnungen

Mach deine Streckenzeichnungen so genau wie möglich. Jeder, der ein Motorrad fahren kann, kann auch eine einfache Strichzeichnung von einer Kurve anfertigen. Dazu gehört keinerlei künstlerische Bega-

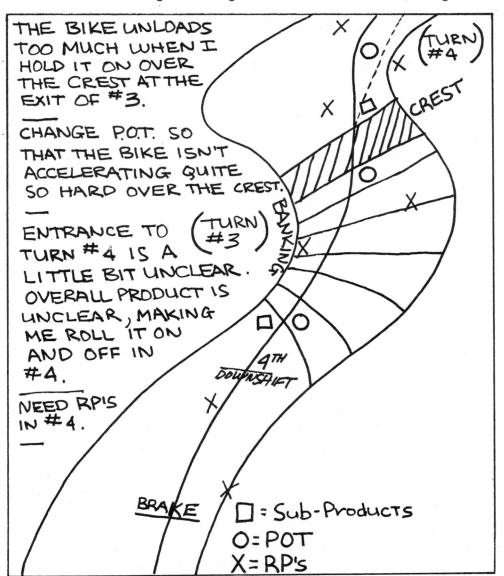

(Kurve # 4)

Bodenwelle

Das Motorrad wird zu leicht, wenn ich auf der Bodenwelle am Ausgang von # 3 am Gas bleibe.

Ändere POT, damit das Motorrad über die Bodenwelle nicht so stark beschleunigt.

Kurve # 3

Überhöhung

Eingang zu Kurve # 4 ist etwas unklar. Gesamt-Produkt ist unklar, veranlaßt mich, in # 4 Gas auf- und zuzumachen.

4. Runterschalten

Brauche OPs in # 4.

Bremsen

☐ Zwischenprodukte
○ POT
OPs

bung. Wenn es dir schwer fällt, eine Kurvenzeichnung anzufertigen, nachdem du die Strecke gefahren bist, dann liegt das ganz sicher nicht daran, daß du in Kunsterziehung geschlafen hast, sondern **du kennst ganz einfach die Kurve nicht.** Einige Teile sind dir noch immer unklar. **Eine Zeichnung bringt deine Gedanken der Wirklichkeit einen Schritt näher.** Papier ist kein Asphalt, aber es ist ihm ähnlicher als der Stoff, aus dem Gedanken sind. Zeichnungen bringen dich ganz unmittebar mit dem zusammen, was geschieht, wenn du fährst.

Schnell = schnell

Du gewinnst mehr Zeit in schnellen Kurven als in langsamen. Wie jeder Fahrer wirst du feststellen, daß ein bißchen schneller in schnellen Kurven einen sehr viel größeren Unterschied macht als ein bißchen schneller in langsamen Kurven. In schnellen Kurven legst du mehr Entfernung zurück, was deinen Gesamtdurchschnitt schneller hochbringt. Vergiß nicht, es bedarf nur ungefähr eines 1 mph höheren Durchschnitts, um pro Runde eine Sekunde schneller zu fahren. Eine typisch langsame Kurve wird zwischen 30 und 50 m lang sein, während eine schnelle an die 100 bis 300 m oder länger ist. Das ist ein größerer Teil der Strecke, auf der dein Durchschnitt höher sein kann.

Das Handwerkszeug des Fahrers

(1) Sieh dir deine Fahrweise von dem Standpunkt an, daß du sie zu verbessern beabsichtigst. (2) Leg dir für den jeweiligen Tag Ziele im Hinblick auf Rundenzeiten fest. (3) Stell sicher, daß du brauchbare Kenntnisse mit nach Hause bringst, wenn du die Strecke verläßt. (4) Verleih jeder Trainingsstunde noch mehr Bedeutung dadurch, daß du beim Fahren an einem bestimmten Punkt arbeitest. (5) Laß dich nicht entmutigen. (6) Lies den Stoff in diesem Buch noch einmal durch, nachdem du gefahren bist. Dann wird es dir mehr einleuchten. *Kannst du dir vorstellen, daß es für dich etwas bringt?*

Eine Seite aus Wayne Raineys Notizbuch

Wenn ich auf der Start- und Zielgeraden geradeaus in die Kurve eins fahre, dann komm ich aus der Verkleidung hoch und mach das Gas kurz vor dem roten Pylon zu. Dann schalte ich einen Gang runter, dann fang ich an, meinen Hintern nach links zu bewegen und lege die Maschine nach links. In der Kurvenmitte gebe ich dann wieder Gas, wobei ich mich immer noch nach links lege und allmählich das Motorrad aufrichte. Dann die kurze Gerade runter in die Kurve zwei. Wenn ich mich Kurve zwei nähere, fange ich an, mich ungefähr 1,5 m vom Außenrand der Strecke entfernt nach rechts zu legen; das Gas halb zu, nach rechts gelegt gehe ich mit ungefähr $^3/_4$ Gas durch die Kurvenmitte. Wenn die Kurve sich zu verengen beginnt, dann mach ich das Gas auf und lege das Motorrad in Richtung Innenseite. Dann fahre ich geradeaus. Dann kommt Kurve drei. Ich mach das Gas zu, schalte beim roten Pylon einen Gang runter und bremse mit der Vorder- und Hinterradbremse, lege mich nach links und mach das Gas wieder auf, wenn die Kurve wieder flach wird. Zu diesem Zeitpunkt bin ich aufrecht und lege mich nach rechts in Kurve vier. Ich bin an der Innenseite, wenn ich in die Kurve gehe, mach das Gas wieder auf, ich bin ungefähr 1,5 m vom Außenrand entfernt in der Kurvenmitte. Und dann winkle ich stark ab, um gut aus der Kurve zu kommen.

Eine Seite aus Wayne Rainey's Notizbuch

GOING DOWN THE FRONT STRAIGHT INTO TURN ONE, I RAISE UP AND SHUT OFF THE THROTTLE JUST BEFORE THE RED CONE. THEN I DOWN SHIFT ONE GEAR, THEN START MOVING MY REAR OVER TOWARDS THE LEFT AND LEAN LEFT. THEN I START ROLLING THE THROTTLE BACK ON IN THE CENTER OF THE CORNER, STILL LEANING LEFT AND GRADUALLY RAISING THE BIKE UP STRAIGHT. THEN DOWN THE SHORT SHUTE INTO TURN TWO. AS I APPROACH TURN TWO I START TO LEAN RIGHT ABOUT FIVE FEET FROM THE OUTSIDE EDGE OF THE TRACK, ROLLING THE THROTTLE 1/2 OFF, LEANING RIGHT AND GOING THRU THE CENTER OF THE TURN ABOUT 3/4 THROTTLE. AS THE TURN STARTS TO TIGHTEN UP, I ROLL THE THROTTLE ON LEANING THE BIKE TOWARDS THE INSIDE POLE. THEN I AM GOING STRAIGHT. TURN THREE IS APPROACHING. I SHUT OFF THE THROTTLE, DOWNSHIFT ONE GEAR AT THE RED CONE AND APPLY THE FRONT AND REAR BRAKES, LEAN LEFT AND ROLL THE THROTTLE BACK ON AS THE TURN LOSES IT'S BANKING. BY THEN I'M STRAIGHT AND LEANING RIGHT INTO TURN FOUR. I AM ON THE INSIDE POLE AS I ENTER THE TURN, ROLLING THE GAS BACK ON, I AM ABOUT FIVE FEET FROM THE OUTSIDE EDGE OF THE CENTER OF THE CORNER. AND THEN I AM LEANING IT OVER HARD FOR THE EXIT OF THE TURN.

KAPITEL VIERZEHN

Ratschläge
Frag deinen besten Freund: dich

Ich gehöre nicht zu denen, die Ratschläge geben. Ich gebe nicht gern etwas weg, vor allem nicht auf der Strecke oder an einem Renntag, wenn jemand eine bestimmte Frage hat. Aber ich würde keinen in die Pfanne hauen und ihm falsche oder gefährliche Ratschläge erteilen.

Einen guten Rat möchte ich geben, was Leute betrifft, die dir im Hinblick auf dein Fahren gute Ratschläge geben: **Du bist dein bester Ratgeber.** Du bist der, der im Sattel sitzt und fährt. Niemand weiß besser Bescheid, was in deinem Kopf vor sich geht, als du. Du mußt dich mit <u>deinen</u> **eigenen Entscheidungen,** <u>deinen</u> **Hemmschwellen,** <u>deinen</u> **Produkten und Orientierungspunkten,** <u>deinen</u> **Punkten für das Timing und deiner Aufmerksamkeit** befassen, nicht jemand anderes.

Werd allein damit fertig

Wie deine Fahrweise für jemanden, der an der Strecke steht, aussieht, hat nichts damit zu tun, wie du darüber denkst. Am Ende mußt du doch allein damit fertig werden. Die Linie eines anderen Fahrers, selbst wenn er schneller fährt als du, muß nicht unbedingt die richtige für dich sein. Informationen können wertvoll sein, aber du mußt darauf achten, woher sie kommen und wer sie gibt. Andere Fahrer operieren oft aus ihnen zuteil gewordenen falschen Informationen heraus. Wenn du sie aufgreifst, probierst du sie auch aus, ob sie hinhauen. Dabei kannst du Zeit und Energie verschwenden.

Ich habe versucht, dir in diesem Buch keine Ratschläge fürs Fahren zu erteilen. Vielmehr habe ich versucht zu erklären, was geschieht, wenn du auf einem Motorrad bist und woran ein Fahrer denken muß, wenn es auf Geschwindigkeit und Präzision ankommt. Deine Sache ist es zu entscheiden, wie sie für dich anwendbar sind. *Wie denkst du darüber?*

Du mußt die Strecke fahren. Für fünf Pfennig schlechte Ratschläge können dich viel mehr (10 Mark) auf der Strecke kosten.

Hinter der starren Maske des Rennfahrers der durchdringende Blick der Konzentration. Pumpt er Adrenalin oder überfliegt er seinen Plan?

Wie man runterfällt

Entspann dich – deine Lederkombi macht nur einen Straßentest

Was das Stürzen mit dem Motorrad betrifft, so gibt es da drei wirklich wichtige Faktoren: Was ist zu tun, wenn die Zeit zum Absteigen gekommen ist – was machst du, damit diese üble Situation nicht noch übler wird – und wie denkst du überhaupt übers Runterfallen.

Sei bereit runterzufallen

Sehen wir uns den dritten Faktor zuerst an. Als Rennfahrer solltest du zu einem Sturz <u>bereit sein</u>. Du brauchst ihn nicht zu <u>wollen,</u> aber bereit sein, ist etwas ganz anderes, und es hat etwas mit deiner Haltung dem Stürzen gegenüber zu tun. Wenn du ein Motorrad fährst – und vor allem, wenn du mit ihm Rennen fährst, dann ist ein Sturz etwas, womit du aller Wahrscheinlichkeit zu tun haben wirst. Das gehört zum Fahren. Wenn du dich einem Sturz widersetzt, dann wirst du mit um so größerer Wahrscheinlichkeit runterfallen. Das ist der Schlüssel. Es funktioniert ungefähr so wie eine Zielfixierung. Wenn du einen Gegenstand anschaust, gegen den du nicht fahren willst, dann wirst du durch die Furcht so darauf fixiert, daß du keinen Ausweg mehr siehst und unweigerlich darauf fährst. Stürzen ist insofern darin ähnlich, daß je mehr du dich dem widersetzt oder dich auf die Idee versteifst, <u>nicht</u> zu stürzen, desto mehr entziehst du deinem Fahren die Aufmerksamkeit. Du kannst deine gesamten 10 Mark Aufmerksamkeit darauf anlegen, daß du nicht stürzt, und doch wirst du durch einen Fehler runterfallen, und du hast keine Aufmerksamkeit mehr übrig, um die Maschine voll unter Kontrolle zu haben.

Das ist wieder ein Beispiel für die magische Kraft der **Entscheidung.** Du beschließt einfach, daß du stürzen könntest und akzeptierst, daß es überall und jederzeit passieren <u>kann</u>. Du mußt der Sache ins Gesicht sehen und sagen: „Ja, ich <u>kann</u> von einem dieser Dinger runterfallen. Ich kann mir einen Knochen brechen oder mir eine höllische Hautabschürfung holen oder auch ganz einfach dabei draufgehen." All das <u>kann</u> Motorradfahrern passieren und passiert auch. Also schaff dir die

Sache aus dem Weg, indem du sie dir genau anschaust und dann von daher deine Entscheidung triffst. Ich rate niemanden, Rennen zu fahren, der nicht auch bereit ist, runterzufallen.

Versicherung gegen Stürze

Niemand will stürzen, aber wenn du erst einmal gestürzt bist und es geht glimpflich ab, dann ist ein Sturz auch nicht mehr so furchterregend. **Am besten bist du gegen Stürze versichert, wenn du dich ihnen nicht widersetzt.**

Wenn du jedoch stürzt, dann gebe ich dir hiermit einen Plan, wie du mit möglichst wenig Schaden an deinem Körper davon kommst:

Laß los

1. Laß das Motorrad los: Es ist viel größer und schwerer als du und wird wahrscheinlich sehr viel weiter als du die Straße hinunterschleudern. Wenn du es festhältst, dann machst du die Reise mit. Du willst doch deine Bewegung so gering wie möglich halten, damit dein neues Lederzeug nicht durchscheuert und Löcher bekommt. Motorräder haben harte sperrige Teile, die seitlich herausragen, die sich am Boden verfangen und das Motorrad drehen und sich überschlagen lassen können. Wenn du dich noch immer am Motorrad festhältst, dann machst du das alles mit. Wenn du los läßt, dann wird der Gewichtsunterschied zwischen dir und deinem Motorrad dich gewöhnlich irgendwo anders hin verfrachten.

2. Entspanne dich: Wenn es dir weggeht, gib einfach nach. Mach gar nichts. Wenn du nachgibst, wirst du gewöhnlich vom Motorrad getrennt. Wenn du Arme oder Beine ausstreckst, um deinen Sturz abzubremsen, dann gibst du dir damit einen Drehpunkt, aufgrund dessen du wegfliegst oder Saltos schlägst. Wenn du deinen Körper versteifst, dann kannst du dir leichter etwas brechen. Wenn du entspannt bist, dich wie eine Stoffpuppe schleudern läßt, dann wirst du dir weniger leicht die Knochen brechen.

Entspannen bringt auch mehr Oberfläche mit dem Boden in Berührung und verteilt die Stoßwirkung über einen größeren Bereich. Wenn du zum Beispiel 75 Kilo wiegst und stürzt auf deine Handfläche, dann müssen die 25 cm² deiner Handballen ungefähr dein ganzes Körpergewicht aus dem Fall allein auffangen, eine Kraft, deren Wirkung sich mit der Geschwindigkeit noch beträchtlich erhöht. Wenn du hingegen auf deinem Rücken, den Armen oder Beinen landest, dann fällst du auf eine sehr viel größere Fläche, was die Belastung pro cm² stark verkleinert. Wenn du ein Pfund auf deine Hand fallen läßt, dann tut das ein bißchen weh, fünfzig Pfund auf deine Hand tun höllisch weh.

Entspannen verteilt den Aufprall auf einen größeren Bereich. Das ist eine der Techniken, die Sensationsdarsteller und Kampfsportler verwenden, um die Gefahren von Schmerz und Verletzungen ihres Körpers klein zu halten.

Wahrscheinlich hat schon jeder einmal von Ausnahmesituationen gehört, in denen der Fahrer mit seiner Maschine zu Boden geht, dann oben raufsteigt und darauf wartet, daß sie stehen bleibt. Er berührt kei-

Laß los bei einem Sturz. Motorräder entziehen sich deiner Kontrolle, wenn sie erst einmal auf ihren Seitenteilen zu rutschen beginnen. Wenn du dich festhältst, verlängerst du nur deinen Sturz.

Völliges Entspannen verteilt den ganzen Aufprall und trägt so dazu bei, daß Knochenbrüche vermieden werden. Nach der Devise: Scheure vom Leder überall ein bißchen ab und nicht ein kleines Stück sehr stark.

nen Augenblick den Boden und bleibt unversehrt. Du entscheidest, ob du das ausprobieren willst, aber sei dir darüber im klaren, daß der schlimmste Sturz so verläuft, daß das Motorrad rutscht, dann irgendwo hängen bleibt und sich überschlägt. Wenn du dann immer noch dranhängst, dann wirst du durch die Luft geschleudert. Das nennt man „high-siding", wenn du in einer Kurve im hohen Bogen über das Motorrad geschleudert wirst. „Low-siding" ist, wenn das Motorrad in Schräglage ist und die Reifen wegschmieren, so daß das Motorrad einfach runtergeht.

Komm erst zum Stillstand bevor du aufstehst

Ein weiterer wichtiger Aspekt bei einem Sturz ist der, daß du manchmal nicht genau weißt, ob du zum Stillstand gekommen bist. Das ist sonderbar, aber es stimmt. Wenn du stürzt, dann gerät die Innenohrflüssigkeit in Unordnung, die für deinen Gleichgewichts- und Bewegungssinn verantwortlich ist. **Es kann sein, daß du denkst, du wärst zum Stillstand gekommen, und rutschst noch immer mit 160 km/h.** Das kann sehr aufregend werden, wenn du dann versuchst, aufzustehen, und du bist noch nicht zum Stillstand gekommen. Mir ist es passiert, und ich habe gesehen, wie es anderen Fahrern passiert ist. Du drehst dich hoch und machst dabei Schritte von annähernd 5 m Länge die Strecke entlang und siehst aus wie ein Känguruh. Um das zu vermeiden, zähl bis drei, wenn du meinst, du seist zum Stillstand gekommen, dann schau dich um und stell fest, ob der Himmel und der Boden dort sind, wo sie sein sollten. *Irgendwelche Beispiele?*

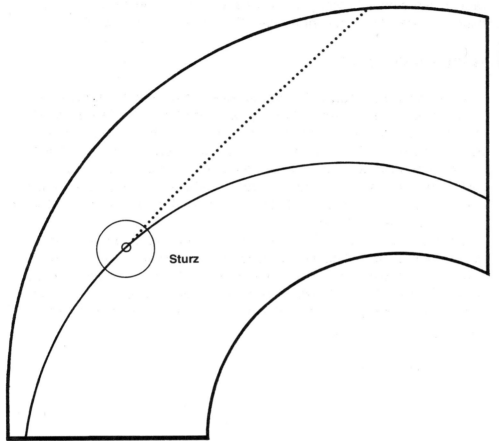

Ein Motorrad und sein Fahrer haben nach einem Sturz eine unterschiedliche Flugbahn, außer in stark überhöhten Kurven.

Trainiere Stürze

Wie ich schon erwähnt habe, bereitest du dich auf die Möglichkeit des Sturzes vor, indem du dich entspannst. Mit dieser Übung lernst du es:

1. Stell dich mitten in ein Zimmer auf einen Teppich oder geh in eine Turnhalle, wo auch Matten liegen.
2. Streck beide Arme in Schulterhöhe zu den Seiten aus.
3. Befiehl ihnen, sich zu entspannen und laß sie einfach fallen. Wenn du irgendwelchen Widerstand in deinen Muskeln fühlst, nachdem du den Befehl gegeben hast, wiederhol es, bis deine Arme ganz einfach an deinen Seiten runterfallen.
4. Stell dich in der Mitte des Raums auf und befiehl deinem ganzen Körper, sich zu entspannen. Gib ihn einfach frei und laß ihn fallen. Wenn du dabei ehrlich vorgehst, werden deine Beine erst einknicken, und du wirst nicht geradeaus vorwärts oder rückwärts fallen, sondern als ein Haufen auf den Boden sinken. Wiederhol es so oft, bis du deinen Körper völlig auf Befehl entspannen kannst. Wenn du bei dieser Übung schöp-

ferisch sein möchtest, kannst du es auf weichen Matten aus dem Gehen oder Laufen heraus machen. Du kannst es auch auf einem Trampolin ausführen. Wichtig ist, daß du den Körper auf Befehl entspannen kannst, so daß er auch entspannt fällt und der Aufprall über einen großen Bereich verteilt wird. Ich habe diese Technik auf der Straße bei über 200 km/h getestet und kann bezeugen, daß du bei den meisten Motorradunfällen eine sehr viel größere Chance hast, Verletzungen zu vermeiden, wenn du entspannt auf den Boden triffst. *Stimmst du zu?*

Nach einem Sturz

Wenn du versuchst, entgegenkommendem Verkehr auszuweichen, ist die Wahrscheinlichkeit größer, daß du angefahren wirst. Du mußt das aus der Sicht der anderen Fahrer sehen. Wenn du auf der Stelle bleibst, dann können sie dir ausweichen. Wenn du in Panik gerätst, dann wissen sie nicht, wohin du laufen wirst. Wenn du zum Stillstand gekommen bist, dann haben sie etwas, dem sie ausweichen können. Es ist auch sehr viel besser, dir fährt einer übers Bein, als wenn du im Stehen angefahren wirst.

Ein Aktionsplan wie der, dich zu entspannen, wenn du stürzt, ist wie das Tragen eines Helms. Du brauchst ihn erst, wenn du auf die Straße schlägst, aber dann brauchst du ihn wirklich. Bist du zu stürzen bereit, dann trägt das dazu bei, daß du dem Boden fernbleibst. Wenn du weißt, wie's gemacht wird, kannst du deine Verletzungen in Grenzen halten.

NOTIZEN

KAPITEL SECHZEHN

Sponsoren*)
Du bekommst nichts umsonst

Was Sponsoren betrifft, so will ich gleich zur Sache kommen. Wenn du Unterstützung von Sponsoren haben willst, dann brauchst du eins von drei Dingen – oder alle drei:

1. Du mußt jemanden kennen, der in der Lage ist, dein Sponsor zu sein.
2. Du mußt hart daran arbeiten, dich anzubieten und jeden möglichen Sponsor zu kontaktieren.
3. Du mußt beim Rennen so gut sein, daß andere dich in ihrem Team haben wollen, damit du ihre Aufkleber und ihr Lederzeug trägst.

Eine PR-Welt

In den meisten Fällen möchten Sponsoren Fahrer, die sie mögen. Manchmal ist das wichtiger als deine Fahrkunst, aber üblicherweise hilft es dabei sehr. Dein potentieller Sponsor stellt sich dich auf dem Siegertreppchen vor, wo du großartige Dinge über ihn sagst. Oder er stellt sich einfach vor, wie du bei Vereinsrennen anderen etwas Gutes über sein Produkt sagst. Bist du jemand, dem andere glauben? Dein Sponsor – oder potentieller Sponsor – muß eins begreifen, wenn er überhaupt erfolgreich sein soll. **Wir leben in einer PR-(Public Relations-)Welt und gute PR hilft.** Wenn du nur darauf aus bist, ein guter Vereinsfahrer zu sein und nichts weiter, dann schließt dich das nicht von den Segnungen der Sponsorship aus. Regionales Rennfahren ist für einige der erfolgreichsten Produkte fruchtbarer Boden gewesen. *Ist dir das aufgefallen?*

Seine Ehren, der Rennfahrer

Rennfahrer sind auf ihrem Gebiet Meinungsmacher. Ihr Gebiet ist das Motorradfahren. Die ganze Rennfahrgeschichte hindurch hat die Mehrzahl der Produkte, die mit Sport oder Leistung verbunden sind, auf der

---

*) Was im 16. Kapitel über Sponsoren gesagt wird, mag in dem Maße (noch) nicht unbedingt voll auf deutsche Verhältnisse zutreffen. Aber es macht deutlich, wie man in den Staaten darüber denkt.

Rennstrecke ihren Anfang genommen und sind dann später bei vielen Straßenmotorrädern verwendet worden.

Wenn du Rennen gefahren bist und Freunde hast, dann wirst du bemerkt haben, daß deine Glaubwürdigkeit unter ihnen zugenommen hat. Deine Freunde und deren Freunde sind von dir abhängig, wenn es darum geht, daß du ihnen heiße Tips für Leistungszubehör gibst, und sogar, welches Motorrad sie kaufen sollen. Ein Meinungsmacher ist so etwas wie eine Berühmtheit. Du als Rennfahrer mußt die Anforderungen, die an eine Berühmtheit gestellt werden, erfüllen. Wenn du beim Rennen etwas Erfolg hast, sei bereit, endlose Fragen über Motorradfahren zu beantworten. Dein Sponsor sollte begreifen, daß du bereit bist, seine Produkte zu propagieren. Wenn du ein großer Rennfahrer bist, wird niemand von dir erwarten, daß du das machst, weil du überbezahlt und eitel geworden bist. Nicht wirklich, aber Siegen wird absolute Priorität haben.

Die Grundlage für Sponsorship, ob du nun ein guter Rennfahrer bist oder nicht, ist das Tauschgeschäft, das du mit deinem Sponsor vornehmen kannst. Was kannst du für ihn und was kann er für dich machen?

Stufe eins ist: einen Sponsor finden. Stufe zwei: seinen Namen verbreiten. Stufe drei: siegen, siegen, siegen.

Entscheide, plane und mache!

An dir ist es, einen genauen Plan zu beschließen und deinem potentiellen Sponsor einen Plan anzubieten, mit dem du seinen Namen in der Welt ins bestmögliche Licht stellen willst. Plane Aktivitäten wie das Erscheinen von Artikeln, mach deine Box zu einer Art kleiner Mustermesse für ihre Produkte, zeig ihnen, daß du eine Einflußsphäre hast, stell klar, daß Rennfahren gute Werbung bedeutet und immer bedeutet hat, und alles sonst, was du dir nur erträumen kannst, um ihnen zu zeigen, wie nützlich ihnen das sein wird. Und dann mach's!

Laß deinen Sponsor wissen, was du machst, oder schlag ihm vor, daß du ihn informieren wirst. Fotografiere, schreib Briefe und halt ihn auf dem laufenden. *Kannst du das?*

Vorschläge

Vorschläge sollten gut vorbereitet sein und professionell aussehen. Wenn du eine großartige Werbesaison entwirfst und tauchst mit einem schmutzigen oder schlecht vorbereiteten Vorschlag auf, dann wird er es von Anfang an durchschauen. Er wird kein Vertrauen haben, daß du der gewissenhafte, gut vorbereitete Mann bist, den er für den Job braucht. Du mußt dir vorstellen, daß du Angestellter einer Firma bist, bei der du selbst Aktien besitzt.

Versprich nichts, was du nicht liefern kannst. Überdenk das Jahr im voraus und entwirf einen Plan, den du auch wirklich ausführen kannst. Die Anzahl von Gesellschaften, die dich dafür bezahlen, daß du bei Amateurrennen Aufkleber herumfährst, ist verschwindend klein und fast nicht mehr vorhanden. Bau dein Angebot an einen Sponsor nicht darauf auf, daß du Aufkleber an deinem Motorrad herumfahren wirst. Zu viele Fahrer sind bereit, für eine Kanne Öl oder auch nur zum Spaß Aufkleber herumzufahren. Leg dein Angebot so an, daß es auch für sich stehen kann, ob du nun Aufkleber am Motorrad hast oder nicht. Mach den Vorschlag, daß du zur Verfügung stehst, wenn geworben wird. *Irgendwelche Einfälle dazu?*

Das Jahr im voraus

Der wichtigste Teil jeder Art von Sponsorship ist einer, über den sowohl du als auch dein Sponsor sich völlig klar sein müssen. Ich habe oft genug gesehen, daß dieser Teil übersehen worden ist, was zu unglücklichen Ergebnissen geführt hat. Zu Beginn des Jahres schauen sich die Gesellschaften um, um festzustellen, wie sie das Geld aus ihrem Werbeetat anlegen wollen. Sie sind voller Begeisterung und erwarten, daß das kommende Jahr gut ausfallen wird. Sie haben Geld und das Gefühl, daß sie es ausgeben müssen. Die Leute von der Werbung pumpen sie für die kommende Saison auf. Es ist Winter, und im nächsten Frühjahr wird das Gras grüner sein. Du gehst zu ihnen mit einem guten Vorschlag, und alles sieht gut aus. Du wirst ausgestattet, die Gesellschaft gibt dir 1000 Mark und alles von dem Produkt, das du verwenden kannst. Das ist schon eine Hilfe.

Die Saison beginnt, und du gehst rum und wirbst für das Produkt, so wie du es gesagt hast. Wenn die Saison zu Ende ist, gehst du wieder zu deinem Sponsor, um nachzufragen, was mit dem nächsten Jahr sein wird, und er sagt: „Was haben Sie in diesem Jahr für mich gemacht?" Du hast das Produkt ins Gespräch gebracht und viel Zeit damit verbracht, deine Verpflichtung einzuhalten, aber jetzt auf einmal kommt es dir kleinlich vor, jedes Mal zu erwähnen, wenn du mit einer Gruppe von Fahrern bei einer Sonntagsfahrt gesprochen hast, um das Produkt zu propagieren, jedes Mal, wenn du Aufkleber an Klo-Wände geklebt hast, jedes Mal, wenn du jemanden gefunden hast, der dir diesbezüglich geglaubt hat.

Das ist das Geschäft

Wenn der Sponsor Geld für dich ausgibt, dann sollte er lieber bereit sein, mehr Geld auszugeben und die Leute das wissen lassen. Sponsorship ist eine Straße in beiden Richtungen. Für nichts kriegst du nichts, und umgekehrt er auch nicht. Dazu gehört auf beiden Seiten die kleine Mühe, das Wort auszusprechen. Auf Vereinsebene sollte er dich mit Fähnchen und Anstecknadeln und Aufklebern zum Verschenken versorgen, und vielleicht sollte er auch eine Anzeige in eine Motorradzeitschrift setzen lassen, um deine gute Leistung zu feiern. Eine Programmanzeige für ein Rennen zum Beispiel trägt dazu bei, daß sein Name bekannt wird, und macht zur gleichen Zeit auch dich besser bekannt. Der Sponsor baut seinen Fahrer und sein Produkt zur gleichen Zeit auf. Wir leben in einer PR-Welt, und je mehr sie von dir und dem Produkt sieht, desto besser ist die PR. Du mußt deinen Sponsor dahin bringen, daß er dich das ganze Jahr über unterstützt – siegen, verlieren oder mit anderen gleich gut sein.

Wenn der Sponsor dich nicht auf diese Weise unterstützen will, such dir einen anderen. Der Junge begreift offenbar nicht, warum er dich sponsort, und du wirst ihn ohnehin verlieren, wenn er erst einmal seine anfängliche Begeisterung eingebüßt hat. Am Jahresende wird er dich nicht fragen, was du für ihn gemacht hast, wenn er seine Mittel dafür verwendet hat, dich und sein Produkt herauszustellen, er wird es wissen. Als Fahrer müssen wir mit dieser Vorstellung ein für alle Mal aufräumen, daß es da so etwas wie Magie beim Rennfahren gibt. Ein Sieg oder viele Siege werden nichts für einen Sponsor bewirken. Das, was danach kommt, bringt Bewegung in die Sache. *Kannst du folgen?*

Dein PR-Programm

Auch ohne eine Anzahl erster Plätze kannst du viel dafür tun, daß du bekannt wirst. Rennfahren ist noch immer so wenig bekannt (vor allem in den Vereinigten Staaten), daß du für dich in Radio-Talk-Shows, in den Fernsehprogrammen für jedermann und dadurch, daß du an Bürgerveranstaltungen und Vorträgen in Jugend-Clubs während der toten Saison teilnimmst, werben kannst. Ruf ein Programm ins Leben nach dem Motto: „Keine Straßenrennen, dazu sind Rennstrecken da", was vielleicht sogar ein Menschenleben rettet, oder mach einen Rennfahrer aus jemandem. Selbst hier kannst du deinen Sponsor festnageln. Lokalzeitungen brauchen immer etwas, womit sie ihre Spalten über Leute aus der Gegend füllen können. Du kannst mit der gleichen bürgernahen Gesinnung zu einer von ihnen gehen, und es sollte für sie sehr schwierig sein, dir das abzuschlagen. Bewege andere Fahrer dazu, das gleiche zu tun. Das mag so aussehen, als ob du mit ihnen das Rampenlicht teilen wolltest, aber am Ende macht es Rennen populärer, was für die Sponsoren ein triftiger Grund ist, sich daran zu beteiligen. *Irgendwelche Beispiele?*

Satellitensponsoren

Dein Hauptziel ist ein gutbekannter Sponsor. Das macht es deinen anderen Sponsoren möglich, sich mit etwas anderem zu identifizieren, etwas größerem, mit dem sie verbunden sind, als nur Hans Schmidt, dem Rennfahrer. Sie kreisen um das Licht der besser bekannten, hauptsächlich sponsorenden Gesellschaft und sonnen sich darin. Die möglichen Vorteile, wenn man als Satellit mit einer größeren Gesellschaft, die über einen mehrere Millionen betragenden Werbeetat verfügt, in Verbindung gebracht wird, sind für einen kleinen Geschäftsmann sehr verlockend. Du tust ihm einen Gefallen, wenn du ihn mit deinem Hauptsponsor in Verbindung bringst.

Wenn zum Beispiel ein neuer Mann für ein Werksteam unter Vertrag genommen wird, dann ist er in vielen Fällen noch ein unerprobter Fahrer, augenscheinlich mit großen Möglichkeiten, aber bis jetzt hat er noch keinerlei Rennen gewonnen. Dennoch hat ein neuer Team-Fahrer einer beliebigen Firma kaum Schwierigkeiten, wenn er Sponsoren finden will, die ganz hübsch für ein Stück Stoff auf dem Lederzeug bezahlen wollen. Der Sponsor ist jetzt mit dem Werks-Team und den Werbekampagnen der Firma in Verbindung. Der Fahrer ist in diesem Fall von zweitrangiger Bedeutung. Der Sponsor kann unter Umständen dem Fahrer über 10 000 Mark dafür bezahlen, daß er sein Stück Stoff oder seinen Aufkleber anbringt, denn die Firma wird unter Umständen Fotos für Anzeigen, Poster und Werbeartikel im Werte von mehreren Millionen verwenden. *Ein paar Beispiele?*

Ein großer Fisch

Wenn du einen großen Sponsor findest, kann das nützlich sein, um Satelliten-Sponsoren zusammenzubringen. Wenn man zu einer großen Gesellschaft mit einem kleinen, aber wirkungsvollen Plan geht, der den Werbeetat nicht sehr zur Ader lassen wird, kann das für dich nützlicher sein, als wenn du mit einem teuren Programm hingehst, das unter Umständen abgelehnt werden kann. Es ist dieselbe Idee wie schon zuvor. Große Gesellschaften wollen auch Gewinne machen, und die kleinere Gesellschaft möchte sich damit in Verbindung gebracht fühlen. Vergiß nicht, daß deine Vertragsbedingungen womöglich vertraulich behandelt werden, wenn du das willst, damit die anderen Sponsoren, an die du dich wendest, nicht wissen, ob du nun 25 000 oder 250 Mark bekommst. Laß es dabei.

Wo man angeln geht

Wichtig ist die Größe des Teichs, in dem du nach Sponsoren angelst. Eine Firma ist weltweit ein großer Fisch in einem großen Teich. Sie haben das Geld, sich das beste zu kaufen. Wenn du nicht der Beste bist oder noch nicht, dann angele anfangs in einem kleineren Teich. Unter Umständen bekommst du nur ein Paar Stoßdämpfer von deinem örtlichen Zubehörladen, aber das läßt dich jetzt so erscheinen, daß du mit etwas Größerem in Verbindung gebracht werden kannst. Du bist ein Satellit und kreist auch um deinen Sponsor. Wenn du beim Propagieren der Stoßdämpfer sehr erfolgreich bist, dann ist das nächste Mal vielleicht etwas Geld für Benzin dabei, wenn du das nächste Mal mit deinem Sponsor sprichst. Kleb ihren Namen auf alles, was dir zur Verfügung steht, und gib sogar von deinem eigenen Geld aus, um die Sache auf die Spitze zu treiben. (Das sieht dann so aus, als ob du von deinem Sponsor mehr bekommst, und ein neuer Sponsor ist darauf vorbereitet, mehr dafür ausgeben zu müssen, was er in der Vergangenheit zu sehen bekommen hat.) Kletter die Sponsor-Leiter jedes Mal etwas höher hinauf. Unter Umständen kannst du in einer großen Pfütze anfangen, Hauptsache es ist Wasser drin. *Gilt das auch für dich?*

Übertreib nicht

Wenn du erst einmal anfängst, Sponsoren zu angeln, übertreib nicht, schmeiß lieber die kleinen zurück in den Teich. Wenn du an einem Renntag mit 30 Aufklebern auf deinem Motorrad und deinem Lederzeug auftrittst, wird dein Sponsor womöglich fragen, wo sich denn sein Name befindet. Such dir den besten Sponsor heraus und mach ihn zum Mittelpunkt, und überlade nicht den dir zur Verfügung stehenden Platz. Wenige Sponsoren, so drei bis fünf, machen es möglich, daß jeder seinen sichtbaren Anteil bekommt, ohne daß er sich verloren fühlen muß. Denk auch an deine eigene Zeit. Du wirst 10 Produkte nicht so gut propagieren können wie nur drei.

Das ist Show Business

Sponsorship ist die geschäftliche Seite des Rennfahrerspiels. Es hat nur wenig oder überhaupt nichts mit dem Fahren selbst zu tun, außer etwas sehr Wichtigem: **Wenn du genug Geld hast, dein Programm durchzuführen, verschafft dir das die Zeit, in der du dich auf dich selbst als Fahrer konzentrieren kannst.** Wenn du alle deine Zeit darauf verwendest, deinem Job nachzugehen, um das Geld zum Rennfahren zu verdienen, dann wirst du sehr schnell sehr alt. Wenn du täglich acht Stunden darauf verwenden könntest, dein fahrerisches Können zu trainieren und nicht für dein Motorrad oder in deinem Beruf zu arbeiten, würdest du einige beträchtliche Verbesserungen erkennen können.

Eine der ursprünglichen Ideen, die zur Sponsorship geführt haben, war die, daß talentierte Künstler und Handwerker die Zeit finden sollten, in ihrer Arbeit schöpferisch sein zu können. Verwende du also deine Sponsorship, aus dir einen besseren Fahrer zu machen.

Behandle Sponsoren auf geschäftsmäßige und freundschaftliche Art. Ihnen kommt es auf einen gesteigerten Verkauf an. Vermisch das Geschäftliche nicht mit deinem Fahren, aber vergiß nicht, daß es einer der drei Hauptfaktoren für Erfolg ist. Und das sind: Gutes Fahren, gute Ausrüstung und gute Sponsoren.

Werksfahrer

Sponsorship bietet auch die Möglichkeit, für eine Firma zu fahren. Firmen und die Leute, auf die sie hören, sind sehr gut darin, wenn es darum geht, auszukundschaften, wer das Zeug dazu hat, ein Spitzenklassefahrer zu werden.

Ein Wort der Warnung: Wenn es auch in dieser Gesellschaft immer populärer geworden ist, Drogen zu nehmen, ist das etwas, worauf tüchtige Team-Manager sehen. Fahrer, die in dem Ruf stehen, gern zu feiern, werden nicht mit Wohlwollen angesehen. Drogen sind wie eine Kurve mit sich verkleinerndem Radius. Sie täuschen dich, damit du zu schnell in sie hineinfährst, und dann machen sie es dir sehr schwer, wieder rauszukommen.

Das Thema Sponsorship abschließend möchte ich sagen, daß eine schriftliche Vereinbarung <u>immer</u> in Ordnung ist. Wenn du einen Sponsor findest, laß dir die Bedingungen <u>schriftlich</u> geben, jedenfalls solange, bis du erkennen kannst, wie jeder andere vorgeht. Manchmal ist es besser, wenn man für Zubehörteile bezahlt, als daß man sie mit unsichtbaren Fesseln daran geschenkt bekommt Hierin liegt etwas sehr Wahres: **Oft ist es teurer, etwas geschenkt zu bekommen, als wenn man dafür bezahlt.** Halte dich an das mit deinem Sponsor abgemachte Tauschgeschäft, und es sollte sich gut entwickeln.

Drogen nehmen und Rennen fahren ist verrückt. Ich möchte mit diesen Leuten nicht fahren, und gewöhnlich muß ich das auch nicht.

Du bekommst von deinem Sponsor Geld und Aufkleber usw. Geld ist die Bezahlung dafür, wie gut du die Aufkleber und seinen Namen zur Schau stellst. Fotos in Zeitschriften bringen Sponsoren richtig in Hochstimmung.

NOTIZEN

Ein Wort zum Schluß

Vieles ist in diesem Buch nicht behandelt worden, weil es nicht mit dem eigentlichen Fahren eines Motorrads zu tun hat. Informationen zur Streckensicherheit, Vorbereitung der Maschine und andere wertvolle Daten gehören nicht zu meinem Gebiet. Vieles davon ist schon in der Publikation „Wie man fliegt" von Joe Ziegler, der die Penguin Racing School in Loudon in New Hampshire und zu Bridgehampton im Staat New York leitet, behandelt worden.

Gleichermaßen findet sich nicht alles, was übers Fahren zu sagen ist, auf diesen Seiten. Mit dem darin enthaltenen Stoff läßt sich etwas anfangen, und es wird dein Fahren verbessern, wenn es angewendet wird. Es ist dazu bestimmt, angewendet und verwendet zu werden.

Leg deine 10 Mark vernünftig an und hab vor allem Spaß dabei!

Anhang

Fahrer-Checkliste

1. **Richtiger Ölstand**
   A. Motor
   B. Getriebe
   C. Kette
   D. Gabel

2. **Räder sind in der Spur**

3. **Gabel ist leichtgängig**

4. **Kette gespannt**

5. **Reifendruck ist korrekt**
   A. Reifendruck kalt – Vorn _____ Hinten _____
   B. Reifendruck heiß – Vorn _____ Hinten _____

6. **Steuerkopflager angezogen**

7. **Muttern der Vorderradachse festgezogen**

8. **Achsen fest**

9. **Räder ausgewuchtet**

10. **Bedienungshebel sind bequem zu erreichen und leichtgängig**

11. **Federweg richtig**
    (Gabel sollte weder nach unten noch nach oben bis zum Anschlag durchfedern.)

12. **Stoßdämpfer richtig eingestellt**
    (Dämpfer sollten nicht bis zum Anschlag eintauchen, aber fast den gesamten Dämpfungsweg ausnutzen.)

13. **Gas ist leichtgängig**
    (Klemmt nicht und hat kein zu großes Spiel.)

14. **Bremsen funktionieren gut**
    A. Beläge haben guten Kontakt zur Bremsscheibe
    B. Beläge halten die Scheibe nicht fest
    C. Belagstärke ausreichend

15. **Reifen haben ausreichend Profil bzw. Gummi**
    A. Ungleichmäßig oder eckig abgefahrene Reifen können Schwierigkeiten beim Handling verursachen.
    B. Alte Rennreifen trocknen aus und werden ,,schmierig".
    C. Rennreifen funktionieren am besten, wenn sie gerade eingefahren sind und noch viel Gummi haben.

16. **Genug Benzin**

17. **Kettenschloß in Ordnung**
    (Kettenschloß sollte mit einem Draht gesichert sein, wenn es keine Endloskette ist.)

18. **Jemand, der die Rundenzeiten nimmt**

    Die meisten dieser Punkte werden bei der technischen Abnahme nicht berücksichtigt. Diese Punkte beeinflussen unmittelbar die Möglichkeit, deine Ausrüstung zu Rennzwecken zu benutzen. Sie sichern, daß du um die Rennstrecke ohne größere Zwischenfälle kommst (genug Benzin usw.).

Rennprotokoll (1)

Datum _____

Rennstrecke _____

Veranstalter _____

Länge der Rennstrecke _____

Anzahl der Kurven _____

Wetterbedingungen _____

Lufttemperatur _____

Höhe _____

Rennklassen _____

Gefahrene Reifen: Marke _____

Reifenmischung/Reifennummer _____ Vorn _____ Hinten _____

Reifendruck: Vorn – kalt _____ Hinten – kalt _____

Vorn – heiß _____ Hinten – heiß _____

Kilometerleistung der Reifen: Vorn _____ Hinten _____

Vergaserdüsen
Hauptdüse _____ Leerlaufdüse _____

Leerlaufluftschraube _____ Gasschieberanschlagschraube _____

Schieber _____ Schwimmerniveau _____ Nadel _____

Benzin (Oktanzahl) _____

Benzin/Öl-Mischungsverhältnis _____

Zündzeinstellung _____

Zündkerzen/Wärmegrad _____

Nockenwelle/Steuerzeiten: Einlaß _____ Auslaß _____

Ventilspiel: Einlaß _____ Auslaß _____

Übersetzung:
Getriebeausgang _____ Hinteres Ritzel _____ Gesamtübersetzung _____

Dämpfereinstellung
Vorn _____ Hinten _____

Federn
Vorn – Vorspannung _____ Hinten – Vorspannung _____

Rundenzeiten
Training _____

Rennen _____

Jeweilige Rundenposition _____

Punkte _____

Preisgeld _____

Kommentar _____

_____

_____

_____

_____

_____

Fahrer-Checkliste

1. **Richtiger Ölstand**
   A. Motor
   B. Getriebe
   C. Kette
   D. Gabel

2. **Räder sind in der Spur**

3. **Gabel ist leichtgängig**

4. **Kette gespannt**

5. **Reifendruck ist korrekt**
   A. Reifendruck kalt – Vorn _____ Hinten _____
   B. Reifendruck heiß – Vorn _____ Hinten _____

6. **Steuerkopflager angezogen**

7. **Muttern der Vorderradachse festgezogen**

8. **Achsen fest**

9. **Räder ausgewuchtet**

10. **Bedienungshebel sind bequem zu erreichen und leichtgängig**

11. **Federweg richtig**
    (Gabel sollte weder nach unten noch nach oben bis zum Anschlag durchfedern.)

12. **Stoßdämpfer richtig eingestellt**
    (Dämpfer sollten nicht bis zum Anschlag eintauchen, aber fast den gesamten Dämpfungsweg ausnutzen.)

13. **Gas ist leichtgängig**
    (Klemmt nicht und hat kein zu großes Spiel.)

14. **Bremsen funktionieren gut**
    A. Beläge haben guten Kontakt zur Bremsscheibe
    B. Beläge halten die Scheibe nicht fest
    C. Belagstärke ausreichend

15. **Reifen haben ausreichend Profil bzw. Gummi**
    A. Ungleichmäßig oder eckig abgefahrene Reifen können Schwierigkeiten beim Handling verursachen.
    B. Alte Rennreifen trocknen aus und werden „schmierig".
    C. Rennreifen funktionieren am besten, wenn sie gerade eingefahren sind und noch viel Gummi haben.

16. **Genug Benzin**

17. **Kettenschloß in Ordnung**
    (Kettenschloß sollte mit einem Draht gesichert sein, wenn es keine Endloskette ist.)

18. **Jemand, der die Rundenzeiten nimmt**

    Die meisten dieser Punkte werden bei der technischen Abnahme nicht berücksichtigt. Diese Punkte beeinflussen unmittelbar die Möglichkeit, deine Ausrüstung zu Rennzwecken zu benutzen. Sie sichern, daß du um die Rennstrecke ohne größere Zwischenfälle kommst (genug Benzin usw.).

Rennprotokoll ②

Datum _____

Rennstrecke _____

Veranstalter _____

Länge der Rennstrecke _____

Anzahl der Kurven _____

Wetterbedingungen _____

Lufttemperatur _____

Höhe _____

Rennklassen _____

Gefahrene Reifen: Marke _____

Reifenmischung/Reifennummer _____ Vorn _____ Hinten _____

Reifendruck: Vorn – kalt _____ Hinten – kalt _____

Vorn – heiß _____ Hinten – heiß _____

Kilometerleistung der Reifen: Vorn _____ Hinten _____

Vergaserdüsen
Hauptdüse _____ Leerlaufdüse _____

Leerlaufluftschraube _____ Gasschieberanschlagschraube _____

Schieber _____ Schwimmerniveau _____ Nadel _____

Benzin (Oktanzahl) _____

Benzin/Öl-Mischungsverhältnis _____

Zündsteinstellung _____

Zündkerzen/Wärmegrad _____

Nockenwelle/Steuerzeiten: Einlaß _____ Auslaß _____

Ventilspiel: Einlaß _____ Auslaß _____

Übersetzung:
Getriebeausgang _____ Hinteres Ritzel _____ Gesamtübersetzung _____

Dämpfereinstellung
Vorn _____ Hinten _____

Federn
Vorn – Vorspannung _____ Hinten – Vorspannung _____

Rundenzeiten
Training _____

Rennen _____

Jeweilige Rundenposition _____

Punkte _____

Preisgeld _____

Kommentar _____

_____

_____

_____

_____

_____

Fahrer-Checkliste

1. **Richtiger Ölstand**
   A. Motor
   B. Getriebe
   C. Kette
   D. Gabel

2. **Räder sind in der Spur**

3. **Gabel ist leichtgängig**

4. **Kette gespannt**

5. **Reifendruck ist korrekt**
   A. Reifendruck kalt – Vorn _____ Hinten _____
   B. Reifendruck heiß – Vorn _____ Hinten _____

6. **Steuerkopflager angezogen**

7. **Muttern der Vorderradachse festgezogen**

8. **Achsen fest**

9. **Räder ausgewuchtet**

10. **Bedienungshebel sind bequem zu erreichen und leichtgängig**

11. **Federweg richtig**
    (Gabel sollte weder nach unten noch nach oben bis zum Anschlag durchfedern.)

12. **Stoßdämpfer richtig eingestellt**
    (Dämpfer sollten nicht bis zum Anschlag eintauchen, aber fast den gesamten Dämpfungsweg ausnutzen.)

13. **Gas ist leichtgängig**
    (Klemmt nicht und hat kein zu großes Spiel.)

14. **Bremsen funktionieren gut**
    A. Beläge haben guten Kontakt zur Bremsscheibe
    B. Beläge halten die Scheibe nicht fest
    C. Belagstärke ausreichend

15. **Reifen haben ausreichend Profil bzw. Gummi**
    A. Ungleichmäßig oder eckig abgefahrene Reifen können Schwierigkeiten beim Handling verursachen.
    B. Alte Rennreifen trocknen aus und werden „schmierig".
    C. Rennreifen funktionieren am besten, wenn sie gerade eingefahren sind und noch viel Gummi haben.

16. **Genug Benzin**

17. **Kettenschloß in Ordnung**
    (Kettenschloß sollte mit einem Draht gesichert sein, wenn es keine Endloskette ist.)

18. **Jemand, der die Rundenzeiten nimmt**

    Die meisten dieser Punkte werden bei der technischen Abnahme nicht berücksichtigt. Diese Punkte beeinflussen unmittelbar die Möglichkeit, deine Ausrüstung zu Rennzwecken zu benutzen. Sie sichern, daß du um die Rennstrecke ohne größere Zwischenfälle kommst (genug Benzin usw.).

Rennprotokoll ③

Datum _____

Rennstrecke _____

Veranstalter _____

Länge der Rennstrecke _____

Anzahl der Kurven _____

Wetterbedingungen _____

Lufttemperatur _____

Höhe _____

Rennklassen _____

Gefahrene Reifen: Marke _____

Reifenmischung/Reifennummer _____ Vorn _____ Hinten _____

Reifendruck: Vorn – kalt _____ Hinten – kalt _____

Vorn – heiß _____ Hinten – heiß _____

Kilometerleistung der Reifen: Vorn _____ Hinten _____

Vergaserdüsen
Hauptdüse _____ Leerlaufdüse _____

Leerlaufluftschraube _____ Gasschieberanschlagschraube _____

Schieber _____ Schwimmerniveau _____ Nadel _____

Benzin (Oktanzahl) _____

Benzin/Öl-Mischungsverhältnis _____

Zündeinstellung _____

Zündkerzen/Wärmegrad _____

Nockenwelle/Steuerzeiten: Einlaß _____ Auslaß _____

Ventilspiel: Einlaß _____ Auslaß _____

Übersetzung:
Getriebeausgang _____ Hinteres Ritzel _____ Gesamtübersetzung _____

Dämpfereinstellung
Vorn _____ Hinten _____

Federn
Vorn – Vorspannung _____ Hinten – Vorspannung _____

Rundenzeiten
Training _____

Rennen _____

Jeweilige Rundenposition _____

Punkte _____

Preisgeld _____

Kommentar _____

_____

_____

_____

_____

Fahrer-Checkliste

1. **Richtiger Ölstand**
   A. Motor
   B. Getriebe
   C. Kette
   D. Gabel

2. **Räder sind in der Spur**

3. **Gabel ist leichtgängig**

4. **Kette gespannt**

5. **Reifendruck ist korrekt**
   A. Reifendruck kalt – Vorn _____ Hinten _____
   B. Reifendruck heiß – Vorn _____ Hinten _____

6. **Steuerkopflager angezogen**

7. **Muttern der Vorderradachse festgezogen**

8. **Achsen fest**

9. **Räder ausgewuchtet**

10. **Bedienungshebel sind bequem zu erreichen und leichtgängig**

11. **Federweg richtig**
    (Gabel sollte weder nach unten noch nach oben bis zum Anschlag durchfedern.)

12. **Stoßdämpfer richtig eingestellt**
    (Dämpfer sollten nicht bis zum Anschlag eintauchen, aber fast den gesamten Dämpfungsweg ausnutzen.)

13. **Gas ist leichtgängig**
    (Klemmt nicht und hat kein zu großes Spiel.)

14. **Bremsen funktionieren gut**
    A. Beläge haben guten Kontakt zur Bremsscheibe
    B. Beläge halten die Scheibe nicht fest
    C. Belagstärke ausreichend

15. **Reifen haben ausreichend Profil bzw. Gummi**
    A. Ungleichmäßig oder eckig abgefahrene Reifen können Schwierigkeiten beim Handling verursachen.
    B. Alte Rennreifen trocknen aus und werden „schmierig".
    C. Rennreifen funktionieren am besten, wenn sie gerade eingefahren sind und noch viel Gummi haben.

16. **Genug Benzin**

17. **Kettenschloß in Ordnung**
    (Kettenschloß sollte mit einem Draht gesichert sein, wenn es keine Endloskette ist.)

18. **Jemand, der die Rundenzeiten nimmt**

    Die meisten dieser Punkte werden bei der technischen Abnahme nicht berücksichtigt. Diese Punkte beeinflussen unmittelbar die Möglichkeit, deine Ausrüstung zu Rennzwecken zu benutzen. Sie sichern, daß du um die Rennstrecke ohne größere Zwischenfälle kommst (genug Benzin usw.).

Rennprotokoll ④

Datum _____

Rennstrecke _____

Veranstalter _____

Länge der Rennstrecke _____

Anzahl der Kurven _____

Wetterbedingungen _____

Lufttemperatur _____

Höhe _____

Rennklassen _____

Gefahrene Reifen: Marke _____

Reifenmischung/Reifennummer _____ Vorn _____ Hinten _____

Reifendruck: Vorn – kalt _____ Hinten – kalt _____

Vorn – heiß _____ Hinten – heiß _____

Kilometerleistung der Reifen: Vorn _____ Hinten _____

Vergaserdüsen
Hauptdüse _____ Leerlaufdüse _____

Leerlaufluftschraube _____ Gasschieberanschlagschraube _____

Schieber _____ Schwimmerniveau _____ Nadel _____

Benzin (Oktanzahl) _____

Benzin/Öl-Mischungsverhältnis _____

Zündzeinstellung _____

Zündkerzen/Wärmegrad _____

Nockenwelle/Steuerzeiten: Einlaß _____ Auslaß _____

Ventilspiel: Einlaß _____ Auslaß _____

Übersetzung:
Getriebeausgang _____ Hinteres Ritzel _____ Gesamtübersetzung _____

Dämpfereinstellung
Vorn _____ Hinten _____

Federn
Vorn – Vorspannung _____ Hinten – Vorspannung _____

Rundenzeiten
Training _____

Rennen _____

Jeweilige Rundenposition _____

Punkte _____

Preisgeld _____

Kommentar _____

_____

_____

_____

_____

_____

_____